钱基博国学著作选粹

钱基博

著

近百年湖南学风

上海古籍出版社

图书在版编目（CIP）数据

近百年湖南学风／钱基博著. —上海：上海古籍
出版社,2024.5
（钱基博国学著作选粹）
ISBN 978-7-5732-1123-1

Ⅰ.①近… Ⅱ.①钱… Ⅲ.①学术思想-思想史-湖
南-近代 Ⅳ.①B25

中国国家版本馆 CIP 数据核字（2024）第 076936 号

钱基博国学著作选粹

近百年湖南学风

钱基博　著

上海古籍出版社出版发行

（上海市闵行区号景路 159 弄 1-5 号 A 座 5F　邮政编码 201101）

（1）网址：www.guji.com.cn
（2）E-mail：guji1@guji.com.cn
（3）易文网网址：www.ewen.co

启东市人民印刷有限公司印刷

开本 890×1240　1/32　印张 3.125　插页 3　字数 87,000
2024 年 5 月第 1 版　2024 年 5 月第 1 次印刷
印数：1-1,300
ISBN 978-7-5732-1123-1
B·1389　定价：22.00 元
如有质量问题,请与承印公司联系

出 版 说 明

钱基博(1887—1957),字子泉,别号潜庐,江苏无锡人,著名学者、教育家。

钱氏出身书香门第,四岁起即读四书五经,十五岁时读《资治通鉴》《续通鉴》《读史方舆纪要》等书。少年时期所受的教育,决定了他一生的学术走向。钱氏在思想上基本上秉持了"中学为体,西学为用"这一根本理路,以中国传统的经史之学为自撰门径,同时亦以此为驾驭新知识、新学问的一种方法。

辛亥革命兴,钱氏曾在军政府中任职,但其一生的事业主要还是在于教育。钱氏十九岁时始任家庭教师,二十六岁任无锡第一小学教员,二十九岁任吴江丽则女子中学教员,此后更历任上海圣约翰大学国文教授、上海光华大学教授、国立浙江大学教授、湖南国立师范学院教授兼国文系主任等职,直至最后以华中师范学院教职工的身份去世。钱氏一生可说是与教育结下了不解之缘,这种教育者的身份,使得钱氏在秉持和改造传统学术理念的同时,又十分注意传统学问的传播和普及。从三十多岁时出版的《语体文范》到四十多岁时出版的《国学文选类纂》《老子道德经解题及其读法》等一系列著作,钱氏在学术上的所作所为均有推广和规范传统学问的意旨。在研究传统学问的同时,又力图使其成为普通知识人的日常所需,这构成了钱氏治学的另一特色,而这种特色又反过来使钱氏的著作成为普通读者迈进国学门槛的绝佳指引。

钱氏一生著述甚多,我社曾经推出《钱基博著作集》十二种,收录钱氏有代表性的单行著作为主,同时选收有学术意义的代表性论文,精择底本，核校引文，简体横排，新式标点，以适应现代阅读习惯，受到读者欢迎。今复择其中有关国学研究之作，分合篇目，编为《钱基博国学著作选粹》，包括以下十种：

《韩愈志》

《经学通志》

《国学文选类纂》

《近百年湖南学风》

《古籍举要　版本通义》

《孙子章句训义（外一种）》

《文学通论（外一种）》

《国故概论》

《国学要籍解题及其读法》

《文心雕龙校读记　读庄子天下篇疏记》

另《克劳塞维兹兵法精义》（原名《德国兵家克劳山维兹兵法精义》）篇幅短小，今附于《孙子章句训义》后。《国学必读》原分上下册，今依原题析为《文学通论》（编选历代文论）、《国故概论》（编选经、小学、史、子相关论文）二种，读者可各取所需。《骈文通义》原与《近百年湖南学风》合为一书，今以类相从附于《文学通论》后。同时修改部分标点、排印错误，重新出版，以飨读者。

上海古籍出版社

二〇二四年三月

目　　录

一、导言 ……………………………………………… 1

二、汤鹏　魏源 ……………………………………… 5

三、罗泽南　李续宾　王鑫 ………………………… 14

四、胡林翼　曾国藩　左宗棠 ……………………… 24

五、刘蓉　郭嵩焘 …………………………………… 37

六、王闿运　阎镇珩 ………………………………… 48

七、邹代钧　罗正钧 ………………………………… 58

八、谭嗣同　蔡锷　章士钊 ………………………… 69

九、余论 ……………………………………………… 91

一、导　言[*]

湖南之为省,北阻大江,南薄五岭,西接黔蜀,群苗所萃,盖四塞之国。其地水少而山多,重山叠岭,滩河峻激,而舟车不易为交通。顽石赭土,地质刚坚,而民性多流于倔强,以故风气锢塞,常不为中原人文所沾被。抑亦风气自创,能别于中原人物以独立。人杰地灵,大儒迭起,前不见古人,后不见来者,宏识孤怀,涵今茹古,罔不有独立自由之思想,有坚强不磨之志节。湛深古学而能自辟蹊径,不为古学所囿。义以淑群,行必厉己,以开一代之风气,盖地理使之然也。

天开人文,首出庶物以润色河山,弁冕史册者,有两巨子焉:其一楚之屈原,著《离骚经》,以香草美人为比兴,以长言永叹变四言,铿锵鼓舞,于《三百篇》之外,自成风格,创楚辞以开汉京枚马之词赋。其一宋之周敦颐,作《太极图说》《通书》,契性命之微于《大易》,接孔颜之学于一诚,而以太极人极发明天人之蕴,倡理学以开宋学程朱之性理。一为文学之鼻祖,一为理学之开山,万流景仰,人伦模楷,风声所树,岂徒一乡一邑之光哉!然为生民立极,为天地立心,而辅世长民、一本修己者,莫如周敦颐之于宋,其次王夫之于明。周敦颐以乐易恬性和,王夫之以艰贞挂世变。周敦颐探道原以辟理窟,王夫之维人极以安苦学。故闻夫之之风者,顽夫廉,懦夫有立志;闻敦颐之风者,鄙夫宽,薄夫敦也。敦颐,道州人;夫之,衡阳人。湖南人而有此,匪仅以自豪乡曲,当思以绍休前人。

自昔子思作《中庸》以说天命之性,而孟子道性善以修率性之道,

　＊　据湖南求知书店 1945 年版校印。

开宗明义，而未有体系，所以"理"而不为"学"。至周敦颐乃本《中庸》以上推之《易·系辞传》，而后天命之性、率性之道，有体有系，厘然秩然。犹若以为未足，更本《易·系辞传》以旁推交通诸《老子》"道可道，非常道"、"有物混成，先天地生"，拈出"太极无极"之义，以补《易系》之未所言，而后先天之道，天命之性，有体有系，厘然秩然。观其《太极图说》曰："无极而太极，太极动而生阳，动极而静，静而生阴。静极复动，一动一静，互为其根。分阴分阳，两仪立焉。阳变阴合而生水火木金土，五气顺布，四时行焉。五行一阴阳也，阴阳一太极也，太极本无极也。五行之生也，各一其性。无极之真，二五之精，妙合而凝。乾道成男，坤道成女，二气交感，化生万物。万物生生，而变化无穷焉。"盖融《老子》、《易系》之义而冶之一炉者也。"太极"之词，出自《易系》；而"无极"之义，则参《老子》。《老子》言"无名天地之始，有名万物之母"，"无极而太极"也；《老子》言"天下万物生于有，有生于无"，则所谓"五行一阴阳"、"阴阳一太极"、"太极本无极"也。"太极无极，二而一，一而二"，此《老子》"有"、"无"双观之所以"同谓之玄"也。《太极图》☯中间一○，即"《易》有太极"也。○旁两抱，即两仪二画也。不过伏羲在太极上面直画两画成三，而敦颐却把伏羲两画弯转，抱在太极两旁，亦从《老子》"负阴抱阳，冲气以为和"之说悟出。《老子》所谓"道生一，一生二，二生三，三生万物"，统体一太极也。"万物负阴而抱阳，冲气以为和"，物物一太极也。"太极"二字，原本《易系》，尚是祖述孔门之旧。至于"主静立人极"，"人极"二字，则自敦颐始发之。其后从"人也得其秀而最灵"云云，皆说"人极"。人极与太极对勘而论，以明天人相与之际，绝非矫揉造作。故人能践形，即能尽性，能尽性，即能达天。天人一理，此敦颐立言之旨，而以《太极图说》挈其要，以《通书》畅其义。"定之以中正仁义而主静立人极"，"主静"二字，是立人极之本。"中正仁义"，又是主静之实落处。然"主静"之下，又自注曰"无欲故静"。"无欲"者，无人欲。无人欲，则纯乎天理矣。而"诚"以立其本，"几"以神其用。夫道非"诚"不立，非"几"不行。事之大小,天下之治乱,皆有"几"者行其间。天也,固人也。事有理有势,而行之必以其几,此则众人之所忽,而豪杰有为者之所必争也。敦颐言"诚神几谓之圣人"。"诚"者本也,"神"者用也,"几"者介乎动静之间。故曰:"动而未形,有无之间,几也。"莅事之初,有审几之明;及事变之歧出,又有赴几之智。一得其几而万险胥平;一失其几,丛脞百出,咫尺皆荆棘也。然非"主静"者,不能审几赴几;而非"定之以中正仁义",则审几赴几而或流于狙诈惨礉,吾见亦多矣。此敦颐所为"定之以中正仁义而主静立人极"也。程氏颢、颐,理学之宗,而兄弟受业。敦颐每令寻孔颜乐处,所乐何事。颢尝曰:"自再见周茂叔后,吟风弄月以归,有'吾与点也'之意。"以其世居道州营道县濂溪上,世称濂溪先生。

　　周敦颐生当太平,王夫之身历世屯,而以明庄烈帝崇祯十五年举于乡。目睹是时朝政,刻覈无亲;而士大夫又驰骛声气,东林、复社之徒,树党伐仇,日寻于恩怨;发而为文章,黜申韩之术,嫉朋党之风,长言三叹而未有已。既一仕桂王,为行人司,知事终不可为,乃匿迹永、郴、衡、邵之间,终老于湘西之石船山,世称船山先生。清盗诸夏而抚定之,搜访隐逸,次第登进。虽顾炎武、李颙之艰贞,而征聘不绝于庐,独夫之深闼固藏,邈焉无与。平生痛诋党人标榜之习,不欲身隐而文著以求反唇,用是其身长遁,其名翳寂。其学出于宋儒张载,载著有《西铭》、《正蒙》等书,其学以仁为宗,以礼为体,而深信周礼为必可行于世。夫之则注《正蒙》数万言以讨论为仁之方,为《礼记章句》数十万言以阐明记礼之意。昔仲尼好语求仁,而雅言执礼;孟子亦仁义并称。盖圣人所以平物我之情,而息天下之争,内之莫大于仁,而外之莫急于礼。因人之爱而为之文饰以达其仁,因人之敬而立之等威以昭其义,虽百变而不越此两端也。夫之荒山敝榻,终岁孜孜,以求所谓育物之仁,经邦之礼,穷探极论,千变而不离其宗,旷百世不见知而无所悔,虽未为万世开太平以措施见诸行事,而蒙难艰贞以遁世无闷,固为生民立极。周敦颐光风霁月,饮人以和;夫之则茹苦含辛,守己以贞；周敦颐以道自乐，从容涵泳之味洽，夫之则历劫勿渝，历世磨钝之节坚。翘企高风，《诗》不云乎："我思古人，俾无诡兮。"

降而晚近，世变亦益亟矣！百年以还，欧化东渐，挠万物者莫疾乎风，君子以独立不惧。而习尚之所蒸，抑有开以必先。汤鹏尚变以自名一子，魏源通经而欲致之用，胡林翼、曾国藩、左宗棠扶危定倾以效节于清，郭嵩焘、谭嗣同、章士钊变法维新以迄于革命。新旧相劘，问学殊途，而要之有独立自由之思想，有坚强不磨之志节。湛深古学，而能自辟蹊径，不为古学所囿。志在于淑群，行不害违众，精神意趣，则无不同。余违寇来湘，披览著书，颇亦窥其指要，观其会通。睹记所及，写成是编，哀录汤鹏、魏源以下得若干人以尽其变，上推周敦颐、王夫之两贤以端其趣。而行毋绳以求备，人不拘于一格。大者经文纬武，次则茹古涵今，略其是非功罪之著，而彰劬学暗修之懿。所贵好学深思，心知其意，用之则辅世长民，不用则致知穷理。内圣外王，在湘言湘，岂徒为诏于来学，抑亦自振其衰朽。凡我共学，倘能恢张学风，绳此徽美，树规模，开风气，以无忝于前人，岂徒一校之私以为幸？国家景命，有利赖焉。昔罗泽南以一老诸生，假馆四方，穷年汲汲，与其徒讲论濂洛关闽之学，师弟礪切。而其弟子王鑫、李氏续宾、续宜兄弟，杀敌致果，焯有树立。吾党身厕上庠以糜大官之廪，所凭藉什伯于罗氏师弟，则所树立亦必什伯于罗氏师弟，乃足以副国家之作育。景行行止，在吾党好为之耳。尚乃勖哉，毋陨越以贻前人羞。

二、汤鹏　魏源

　　清治至道光而极敝，清学至道光而始变。于时承平之日久，主溺晏安，大臣委蛇持禄，容说以为忠；士人汩没科举，诗书以干泽。即有魁异杰出之才，不安固陋，而声气标榜，呼朋啸侣，桐城文章以学古，休宁名物以张汉，文史雍容，姑以永日，而辅世长民，以为非分。傥有文章经国，志气拔俗，发强刚毅足以有执，文理密察足以有别，发聋振聩，大声疾呼者，可不谓之豪杰之士哉！吾得二人焉：曰汤鹏，曰魏源。

　　汤鹏，字海秋，益阳人。擢道光三年癸未进士第，年甫二十，所为制艺，列书肆中满街。士人模拟相踵得科第，而鹏唾弃不复道，专力为诗歌，自上古歌谣至《三百篇》《离骚》、汉魏六朝下暨唐诗，无不形规而神挈之，未几得三千首。其始官礼部主事，为文章下笔不自休，大臣以为才，选入军机章京，补户部主事，转贵州司郎中，擢山东道监察御史。年始三十余，意气踔厉，谓天下无不可为者，徒驰骋文墨以自标置，无当也。于是勇言事，未逾月三上章，卒以得罪，罢御史，回户部员外郎，转四川司郎中。是时，英人扰海疆，求通市。鹏已黜，不得言事，犹上书大臣转奏善后条陈三十事，报闻而已。鹏居曹司久，而负才气，郁不得施，以谓："事有积之已久则弊，而守之以固则枯；坏之已甚则匮，而处之以聩则愚；振之以大声疾呼则訾其激，而荒之以流心佚志则厚其羞；料之以深识蚤计则嫌其躁，而亟之以颓光倒景则郁其忧。是故君子不能毋尚变。尚变云何？尔乃君毋过尊而自比于天地之大，臣毋过卑而下同于犬马之贱。大臣毋席尊荣以谩小臣，毋小其职掌，乃并其聪慧气力而一例小之也；小臣毋畏谴何以媚大臣，毋大其爵秩，乃并其神理骨干而一例大之也。国故毋有所枝离禁忌而不以告人，民情毋有所增饰而不以上闻也。是则与天下臣民共其趣向，非则与天下臣民共其愫墨；功则与天下臣民共其欢欣，过则与天下臣民共其惩创；公辅毋自其岁月资格为之，将帅毋自其宗藩世胄为之也。机密宜选老成忠謇以厚其德、直其义；封圻宜兼文武干济以鸿其体、实其用；谏议宜格君心，杜门户以申其直、示其大；守令宜引英俊，擢三公以重其选、拔其尤。轻重贵贱之等，毋封已见以成倒置也；治忽安危之机，毋庚众志以得慘报也。科目毋徇文字，登进毋涉苟且也。军旅毋溺晏安，训练毋徇故常也。粟米之产，毋委以地气而不广生，毋限以农工而不众也；盐筴之利，毋敝以官守而不约束，毋画以疆界而苦迂滞也。而归之览上下古今善败得丧，毋涉其故而忘其新。闻变则骇者，无识而陋者也；稍变而留其半者，有志而懈者也。可变则变者，智也；不变不止者，勇也。变然后宜，宜然后利，利然后善者，仁也，义也。苟不得施于事而著之言。"于是为《浮邱子》一书，立一意为干而分数支，支之中又有支焉，则支复为干，支干相演以递于无穷。大抵言军国利病，人事情伪，开张形势，根极道德，一篇数千言者，九十一篇，计四十余万言，而植之以学，索之于古，以谓："君子纳之于轨物，然后能裁之于义理；裁之于义理，然后能详之于体段；详之于体段，然后能鸿之于作用。君子曷施而每进益上如此也？《说命》之言曰：'王，人求多闻，时惟建事，学于古训乃有获。事不师古，以克永世，匪说攸闻。'是故君子必于古乎索之。曷索之？曰：于古载籍乎索之。是故读经则思其意，读史则思其迹。思其意则奥而衍，使人变动光明而济；思其迹则炯而严，使人中正比宜而静。是故君子必读书则古，以握宰世服物之本。考之《诗》，然后知性情；知性情，然后能款万物。考之《书》，然后知政事；知政事，然后能著万物。考之《易》，然后知阴阳；知阴阳，然后能妙万物。考之《礼》，然后知典则；知典则，然后能衷万物。考之《乐》，然后知声音；知声音，然后能和万物。考之《春秋》，然后知名分；知名分，然后能戒万物。考之《论语》、《孝经》，然后知言行；知言行，然后能体万物。考之《大学》、《中庸》，然后知体用；知体用，然后能总万物。考之历代之史策，然后知成败之凡；知成败之凡，然后能操万物。考之当代之彝训，然后知创述之委；知创述之委，然后能巩万物。"每遇人，辄曰："能过我一阅《浮邱子》乎？乃所愿，则学周公孔子之学，志周公孔子之志，以文周公、孔子之文也。"然其学主王霸杂用，出入儒与名、法，而不纯学周公、孔子。其语杂糅孟轲、韩非，引物连类，旁征史实，而归宿于称说《诗》、《书》，则又似《荀子》书之引《诗》以卒篇。而其行文，则好为排比，体仍制艺而自出变化，震荡陵厉。时而云垂海立，时而珠圆玉润，连犿旁魄，时恣纵而不傆，读之者目眩神夺。争之强，辩之疾矣。足以夺人之心，移人之志。傆后来康有为、梁启超报章文新民体之所昉乎？他所著述，如《明林》十六卷，指陈前代得失。又有《七经补疏》阐发经义，《止信笔初稿》杂记见闻。诸书皆出示人，惟《止信笔初稿》人多未见。或问之，曰："此石室之藏也。"尝谓其友人曰："汉以后作者，或专攻文辞，而义理不精，经纶不优；或精义理，优经世，而不雄于文。克兼之者，惟唐陆宣公、宋朱子耳。吾欲奄有古人而以二公为归。"其自许如此。

魏源，字默深，邵阳人。嘉庆己卯及道光辛巳，两中湖南副榜。壬午，举顺天乡试，冠南籍，试卷进呈，宣宗手批嘉赏，名籍甚。明年为道光三年癸未，典会试者必欲罗致之以邀上眷。得一卷，文章绝类，及揭晓，则汤鹏也。而源不第，入资为内阁中书，改知州，游江南。而安化陶澍方官江苏巡抚，寻擢两江总督，兼管盐政，于源为乡先达，用其议以创海运，改盐法，国裕而民亦利，有遗爱焉，焯为名臣，则源之以也。道光二十四年甲辰，第进士，发江苏，以知州用，补高邮州。前此治经而张今文者，则《春秋》而已，至源乃推而大之以及《诗》、《书》，遍于群经。著《董子春秋发微》七卷，曰："所以发挥《公羊》之微言大谊，而补胡毋生《条例》、何邵公《解诂》所未备也。"《诗古微》二十二卷，曰："所以发挥齐、鲁、韩三家之微言大义，补苴其罅漏，张皇其幽渺，以豁除《毛诗》美刺正变之滞例，而揭周公、孔子制礼正乐之用心于来世也。"《书古微》十卷，曰："所以发明西汉《尚书》今古文之微言大谊，而关东汉马、郑古文之凿空无师传也。"而总其凡于《两汉经师今古文家法考》，曰："今日复古之要，由诂训音声以进于东京典章制度，此齐一变至鲁也。由典章制度以进于西汉微言大义，贯经术、政事、文章于一，此鲁一变至道也。"宣究今学，抉经之心，而博综子史，高谈王霸，宏我汉声，通经致用。以谓："豪杰而不圣贤者有之，未有圣贤而不豪杰者也。贾生得王佐之用，董生得王佐之体，合之，则汉世伊、颜之俦也。秦汤方燠，九州为炉。故汉初曹参，盖公沐之清风，而清静以治。若乃席丰履豫，泰久包荒，万几丛脞于上，百慝养痈于下，乃不厉精图治以使民无事，而但以清静为无事，有不转多事者乎？皇春帝夏，王秋霸冬，气化日禅，虽羲黄复生，不能返于太古之淳。是以尧步舜趋，禹驰汤骤，世愈降则愈劳，况欲以过门不入、日昃不食之世，反诸标枝野鹿，其不为西晋者几希。《诗》曰：'民莫不逸，我独不敢休。'工骚墨之士，以农桑为俗务；而不知俗学之病人，更甚于俗吏。托玄虚之理，以政事为粗才，而不知腐儒之无用，亦同于异端。庄生喜言上古，上古之风必不可复，徒使晋人糠秕礼法而祸世教。宋儒专言三代，三代井田封建选举必不可复，徒使功利之徒以迂疏病儒术。君子之为治也，无三代以上之心，则必俗；不知三代以下之情势，则必迂。其不变者道而已，势则日变而不可复者也。天有老物，人有老物，文有老物。柞薪之木，传其火而化其火；代嬗之孙，传其祖而变其祖。今自为今，古乃有古。执古以绳今，是为诬今；执今以律古，是为诬古。诬今不可以为治，诬古不可以语学。自古有不王道之富强，无不富强之王道。《易》十三卦述古圣人制作，首以田渔耒耜市易，且舟车致远以通之，击柝弧矢以卫之。禹平水土，即制贡赋而奋武卫；《洪范》八政，始食货而终宾师。无非以足食足兵为治天下之具。后儒特因孟子义利王霸之辩，遂以兵食归之五霸，讳而不言，曾亦思足民治赋，皆圣门之事，农桑树畜，即孟子之言乎！王道至纤至悉，井牧徭役兵赋，皆性命之精微，流行其间。使其口心性，躬礼义，动言万物一体而民瘼之不求，吏治之不习，国计边防之不问，一旦与人家国，上不足制国用，外不足靖疆圉，下不足苏民困，举平日胞与民物之空谈，至此无一事可效诸民物，天下亦安用此无用之王道哉！曷谓道之器？曰礼乐。曷谓道之断？曰兵刑。曷谓道之资？曰食货。道形诸事谓之治，以其事笔之方策，俾天下后世得以求道而制事，谓之经。藏之成均辟雍，掌以师氏、保氏、大乐正，谓之师儒。师儒所教育，由小学进之国学，由侯国贡之王朝，谓之士。士之能九年通经者，以淑其身，以形为事业，则能以《周易》决疑，以《洪范》占变，以《春秋》断事，以《礼》《乐》服制兴教化，以《周官》致太平，以《禹贡》行河，以《三百五篇》当谏书，以出使专对，谓之以经术为治术。曾有以通经致用为诟厉者乎？以诂训音声蔽小学，以名物器服蔽三《礼》，以象数蔽《易》，以鸟兽草木蔽《诗》，毕生治经，无一言益己，无一事可验诸治者乎？呜呼！古此方策，今亦此方策；古此学校，今亦此学校。宾宾焉以为先王之道在是。吾不谓先王之道不在是也，如国家何！《诗》曰：'匪先民是程，匪大犹是经，维迩言是听，维迩言是争。'自乾隆中叶后，海内士大夫兴汉学，而大江南北尤盛。苏州惠氏（栋）、江氏（声），常州臧氏（镛堂）、孙氏（星衍），嘉定钱氏（大昕），金坛段氏（玉裁），高邮王氏（引之），徽州戴氏（震）、程氏（瑶田），争治诂训音声，瓜剖脉析，视国初昆山、常熟二顾（炎武、祖禹）及四明黄南雷（宗羲）、万季野（斯大）、全谢山（祖望）诸公，即皆摈为史学非经学，或谓宋学非汉学，锢天下聪明智慧，使尽出于无用之一途。独武进庄方耕侍郎（存与），生于其时其乡，其学能通于经之大义，西汉董、伏二先生之微森，未尝凌杂脉析，世之语汉学者鲜称道之。呜呼！吾所谓真汉学者，庶其在是；所异于世之汉学者，庶其在是。至嘉庆、道光间，而李申耆先生（兆洛）出，独治《通鉴》《通考》之学，以地证史，以史治地,起三代两汉魏晋南北朝唐宋元明,用康熙、乾隆《皇舆一统图》朱印,墨注古地名其上。每代各为一图,号曰《历代沿革图》。疏通知远,不趋声气,而恶夫以恓饤为汉,空腐为宋。醰然粹然,莫测其际也。并世两通儒,皆出武进,盛矣哉! 余于庄先生不及见,见李先生。"其学出于吾常州庄、李二氏,经经纬史,而润泽之以文章。词笔奥衍,熟于元明以来掌故,纂录《元史新篇》若干卷、《明代食兵二政录》七十八卷、《圣武记》十四卷、《皇朝经世文编》百二十卷。旁搜博采,尤悉心河道水利,海防边防,上下古今而明究其得失,如聚米画沙,如烛照数计。自谓坐而言,可起而行也。于时,英人以贩雅片,绝通市,构衅于我。而兵舰东来,薄我广州,纵横海上,掠闽浙,入长江,师徒挠败。于是割地通商,而有南京城下之盟。中外大史,相顾蓄缩。于是源发愤而道曰:"夷之水战与火攻,强于倭。倭之绝夷不与通市者,防其贩烟与传教。而夷之畏倭,畏其岸上陆战也。倭国三十六岛,港汊纷歧,其海口更多于中国,其水战火攻尚不如中国,止以陆战之悍,守岸之严,遂足詟夷心,绝市舶,而不敢过问。又止以刑罚之断,号令之严,遂足禁异教,断毒烟,而莫敢轻犯。吾之水战火攻不如夷,犹可言也;守岸禁烟并不如倭,可乎? 不可乎? 不能以战为款,犹可言也;并不能以守为款,可乎? 不可乎? 令不行于海外之天骄,犹可言也;令并不行于海内贩烟吃烟之莠民,可乎? 不可乎? 夫财用不足,国非贫;人材不竞之谓贫。令不行于海外,国非羸,令不行于境内之谓羸。故先王不患财用而惟亟人材;不忧不逞志于四夷而忧不逞志于国境。尝观周汉唐宋金元明之中叶矣,瞻其阙,夫岂无悬令? 询其廷,夫岂无充位! 人见其令雷行于九服,而不知其令未出阶闼也;人见其材云布乎九列十二牧,而不知其槁伏于灌莽也。无一政能申军法,则佚民玩;无一材堪充军吏,则傲民狂;无一事非耗军实,则四民皆荒。佚民玩,则画棰不能令一羊;傲民狂,则蛰雷不能破一墙;四民皆荒,然且今日揖于堂,明日骼于隍,后日胠于藏。而以节制轻桓、文,以富强归管、商,以火烈金肃议成汤,奚必更问其胜负于疆场矣。

《记》曰：'物耻足以振之，国耻足以兴之。'故昔帝王处蒙业久安之世，当涣汗大号之日，必翙然以军令饬天下之人心，皇然以军食延天下之人材。人材进，则军政修；人心肃，则国威遒。明臣有言：'欲平海上之倭患，先平人心之积患。'人心之积患如之何？非水非火，非刃非金，非沿海之奸民，非吃烟贩烟之莠民。故君子读《云汉》《车攻》，先于《常武》《江汉》而知《二雅》诗人之所发愤；玩卦爻内外消息，而知大《易》作者之所忧患。愤与忧，天道所以倾否而之泰也，人心所以违寐而之觉也，人才所以革虚而之实也。去伪去饰，去畏难，去养痈，去营窟，则人心之寐患去其一；以实事程实功，以实功程实事，毋谈天，毋画饼，则人心之虚患去其二。天时人事，倚伏相乘；知己知彼，可款可战。"于是搜采欧美各国国情地理以著中国攻守之宜，成《海国图志》一百卷，厥为国人谈瀛海故实者之开山，而其要归于"以守为攻"、"以守为款"、"以夷制夷"、"师夷之长技以制夷"，语重心长。时异势迁，生百年以后之今日，而籀源之所以为言，则固有建诸天地而不悖，百世以俟天挺伟人而不惑者。日本之平象山、吉田松阴、西乡隆盛辈，无不得《海国图志》读之而愤焉悱焉，攘臂而起，遂以成明治尊攘维新之大业，则源有以发其机也。于时，海疆震动，东南岌岌，而西北边备弛，新疆协饷不继。于是源大声以呼曰："伊古以来，中国边患，西北恒剧于东南。盖东南以大海为界，形格势禁，西北则广莫无垠也。国家平准噶尔之地，易其名，曰伊犁，曰乌鲁木齐，曰巴里坤，曰哈密。及平西域诸回部，若辟展，若哈拉沙拉，若库车，若沙雅尔，若赛里木，若拜城，若阿克苏，若乌什，若喀什噶尔，若叶尔羌，若和阗，咸入版图。设将军、参赞、都统、提镇及办事、领队诸大臣，遣兵驻防，以资镇守。或谓地广而无用，官糈兵饷，岁解赔数十万，耗中事边，有损无益。曾亦思西兵未罢时，历康熙、雍正、乾隆三朝，勤西顾忧。且沿克鲁伦河长驱南牧，蹂躏至大同、归化城。甘陕大兵不解甲，费岂但倍徒哉！且夫一消一息者，天之道；哀多益寡者，政之经。国家醲酽孳生，中国土满人满，独新疆人寥地旷，牛羊麦面蔬果之贱，播植浇灌之易，氇裘贸易之利，金矿之旺。穷民服贾，牵牛出关，至辄长子孙，百无一反。是天留未辟之鸿荒以为盛世消息尾闾者也，是圣人损益经纶之义，所必因焉乘焉者也。奈何狃近安，忘昔祸，惜涓浚之费，昧溟渤之利，以甘闾闳鄙儒眉睫之见！"其后左宗棠用其言以我疆我理，改建行省，谓"新疆不固，则蒙古不安。匪特陕甘山西各边，时虞侵轶，即直北关山，亦将无晏安之日。近以用兵新疆，益叹魏子当日所见之伟为不可及"云。于时，兵败于海防，财匮于河决江淹。而河无岁不决口，以淹地数千百里；无岁不筹防，以耗帑五六百万。于是源按图而陈曰："我生以来，河十数决。但言防河，不言治河，故河成今日之患；但筹河用，不筹国用，故财成今日之匮。夫地势北岸下而南岸高，河流北趋顺而南趋逆。自古北行，而今每上游豫省北决，必贯张秋运河，趋大清河入海。何不顺其就下之性，筑堤东河，导之东北。北不驾太行之脉，南不驾泰山之脉。介两脉之间，所刷皆尘沙浮土，日益深通。于是河由地中行，无高仰，自无冲决。而官可裁防河之员数千百人，岁可省防河之帑五百万金。河不为患，帑不虚縻，而后国家得以全力以饬边防、兴水利也。然历代以来，有河患，无江患。河性悍于江，所经兖、豫、徐，地多平衍，其横溢溃决无足怪。而江流所经，狭者束于山，宽则潴于湖，宜乎千年永无溃决。乃数十年中，告灾不辍，大湖南北，漂田舍、没城市无虚岁而与河同患，何哉？承平二百载，土满人满，湖北、湖南、江南各省，沿江沿海沿湖，向日受水之地，无不筑圩捍水，成阡陌、治庐舍其中，于是平地无遗利。且湖广无业之民，多迁黔粤川陕交界，刀耕火种，虽蚕丛峻岭，老林深谷，无土不垦，于是山地无遗利。平地无遗利，则不受水，水必与人争地，而向日受水之区，十去五六矣。山地无遗利，则凡菁谷之中，浮沙壅泥，败叶陈根，历年壅积者，至是皆铲掘疏浮，随大雨倾泻而下，由山入溪，由溪达汉达江，由江汉达湖，水去沙不去，遂为洲渚。洲渚日高，湖底日浅，近水居民，又从而圩之田之，而向日受水之区，十去其七八矣。江汉上游，旧有九穴十三口以泄水，今则南岸九穴淤，而自江至澧数百里，公安、石首、华容诸县，尽占为湖田。北岸十三口淤，而夏首不复受江。监利、沔阳县，亦长堤亘七百余里，众占为圩田。江汉下流，则自黄梅、广济，下至望江、太湖诸县，向为浔阳九派者，今亦长堤数百里，而泽国尽化桑麻。下游之江面湖面，日狭一日，而上游之沙涨，日甚一日。夏涨安得不怒？堤垸安得不破？田亩安得不灾？然则计将安出？曰：除其夺水为利之人而已。人与水争地为利，而欲水让地不为害，得乎？湖南地势高于湖北，湖北高于江西、江南，楚境之湖口，日蹙日浅，则吴境之江堤日高日险。沿江四省数十百万之荡析，孰与一邑一垸数千百家之饶衍乎？然而湖南、汉口大潦，诸县诸垸之民人之漂溺者，亦岂少乎？损人利己且不可，况损人并损己乎！乾隆间，湖南巡抚陈文恭公劾玩视水利之官，治私筑豪民之罪，诏嘉其不示小惠，此所以为大人也乎！"源以咸丰五年殁于扬州。而前一年，河决铜瓦厢以北流，由大清河入海，而河患消息，河防以纾，卒如所言，盖犹及见之。而夺湖为田之为江害，下民昏垫，迄今百余年，祸未有艾也。然而君子立言，不为一时，氓之蚩蚩，于源何憾焉。后人辑录其文，为《古微堂内集》二卷、《外集》八卷。

三、罗泽南　李续宾　王鑫

　　汤鹏、魏源,大言经世而行或不掩;罗泽南、李续宾、王鑫,笃实辉光而其德日新。汤鹏、魏源,犹以华士腾口说;罗泽南、李续宾、王鑫,则以醇儒篇躬行。而遭逢世屯,奋身扦乡里,练丁设防,遂创湘勇,而起书生以当大敌,蹈难不顾,师弟僇力,转战大江南北,师殡而弟子继之,智名勇功,后先彪炳,羞武夫之颜,关其口而夺其气,亦其素所蓄积然也。汤鹏、魏源,高文雄笔,沛然出之,声彩炳琅,腾诵士大夫。而罗泽南、李续宾、王鑫,文彩不艳,辞达而已;然其声教遗言,皆经事综物,公诚之心,形于文墨,尤足以匡世拂俗,而有补于当世。

　　罗泽南,字仲岳,湘乡人。十岁能文。家酷贫,大父拱诗,屡典衣市米,节缩于家,专饷于塾。而泽南溺苦于学,夜无油炷灯,则把卷读月下,倦即露宿达旦。年十九,即课徒自给,而丧其母。次年,大父及兄嫂相继殁。十年之间,叠遭期功之丧十有一。至二十九岁,而长子、次子、三子连殇。是岁为道光十五年乙未,大旱饥,泽南罢试徒步归,夜半叩门,则其妻方以连哭三男丧明。时饥甚,索米为炊,无有也。泽南益自刻厉,不忧门庭多故,而忧所学不能拔俗而入圣;不忧无术以资生,而忧无术以济天下。三十三岁,乃补县学生。逾四十,乃以廪生举孝廉方正。假馆四方,穷年汲汲。与其徒讲论宋儒濂洛关闽之绪,瘏口焦思,畅衍厥旨。其大者,以为天地万物,本吾一体,量不周于六合,泽不被于匹夫,亏辱莫大焉。凛降衷之大原,思主静以研几,于是乎宗张载而著《西铭讲义》一卷,宗周敦颐而著《太极衍义》一卷。幼仪不慎,异说不辨,则趣向不端,于是乎宗朱熹而著《小学韵语》一卷,辟王守仁而著《姚江学辨》二卷。严义利之闲,于是乎有《读孟子札记》二卷。穷阴阳之变,于是乎有《周易本义衍言》若干卷。旁及州域形势,而有《皇舆要览》若干卷。百家述作,靡不研讨,而其本躬行以保四海,则交通旁推而不离其宗。其后太平军洪秀全、杨秀清起广西,乘胜远斗以蹂藉湖南,而里中书生多攘臂起,团民壮,捍寇患,死绥踵接而逐之湖外,则泽南之教也。咸丰二年,洪秀全围长沙,县令召泽南练乡勇,巡抚张亮基檄赴长沙。而同乡曾国藩以侍郎在籍,奉诏督治团练,亦在长沙。因与泽南讲求束伍技击之法,晨夕训练,湘勇自此始,而太平军之势日以沮。泽南以所部与太平军角逐,历湖南、江西、湖北三省,积功累擢官授浙江宁绍台道,加按察使衔、布政使衔。所部将弁,皆其乡党信从者,故所向有功。前后克城二十,大小二百余战。其临阵,审固乃发,以坚忍胜。或问制敌之道,曰:"无他,熟读《大学》'知止而后有定,定而后能静,静而后能安,安而后能虑,虑而后能得'数语,尽之矣。《左氏》'再衰三竭'之言,其注脚也。"亦本周敦颐主静察机之说。其治军以不扰民为本。而视东南安危,民生冤苦,如饥溺之在己,与其所注《西铭》之指相符。军行所至,士民欢跃,或输敌情,或诉所欲,馈肉饷饭,如家人父子,得道多助,屡破大敌,而善以寡击众。乡人化之,荷戈从军,蔚成风气。时为之语曰:"无湘乡,不成军。"藉藉人口,而不知无泽南,无湘军。惟泽南以宋儒之理学治兵,以兵卫民,皎然不欺其志。此湘军所以为天下雄,而国之人归颂焉。悦好驰马试剑,漫事从军以攫富贵,豪闾里,而不体泽南之以宋儒理学治兵,以兵卫民之指,意气自雄,是则泽南之志荒,而湘之所以为勇者亦耗矣。自来言宋儒之理学者,往往小廉曲谨,可以持当躬,而不足以任大事。顾泽南义勇愤发,本之问学。朝出鏖兵,暮归讲道。中间屡遭惨败,而志不挠,气益壮,讨部众而申儆之,或解说《周易》以自遣云。泽南以咸丰五年帅所部随湖北巡抚胡林翼攻武昌,一日,大破太平军,追薄于城,城上炮如雨,一弹中额,裹创战。归而剧,日夜危坐不寐。越三日,病甚不能起,语喃喃皆时事,忽开目索纸笔书曰："乱极时，站得定，才是有用之学。"仰卧，汗出如藩，握林翼手曰："死何足惜，恨贼未平。愿以兵属迪庵。"迪庵，其弟子同县李续宾字也。语毕而瞑，予谥忠节。著籍弟子数十人，同县王鑫及李氏续宾、续宜兄弟尤显名。而续宾久相随，引为贰，遂代将。

李续宾，字克惠，迪庵其号也。身长有膂力，习骑射，挽三石弓。泽南讲学里中，折节受学。及泽南练湘勇，遂引为佐。而泽南分所部为二营，以右营属焉。特敢战，所称湘右营者也。寻擢左。自从军，侍泽南循循弟子列，退然若无所知能，而临阵骁锐，善出奇制胜。每太息谓："天下本无难事，心以为难，斯乃真难。苟不存一难之见于心，则运用之术自出。今之时，岂无济变之才？而其心不挚。即有济变之心，而其计不决，所以难耳。军事之成败，其所争则在利钝，成与败显然易解。所谓利钝者，大约先一著为利，后一著为钝。徒以心不挚，计不决，而军兴以来，逆贼每先走一著，官军每走后一著，一日纵敌，祸成滔天。"其用兵专以救败为务，疾击争先。其在军中，泽南挈持大纲，而战守机宜，胥续宾主之。湘军之兴，诸将多以勇烈自诩，慷慨陈辞；续宾则含弘渊默，稠人广坐，终日不发一言。恒曰："事由心定，毋张皇。"遇敌，则以人当其脆，而己当其坚；粮仗，则予人以利，而己取其窳；分军则留强者以予人，而留弱者以自隶。士卒归心，乐为之用。既代将，转战湖北、江西，克九江，累官擢浙江布政使，加巡抚衔。于时，太平军英王陈玉成据安徽，放兵四出，号敢战。胡林翼谓："非攻安徽，不足以守湖北。"乃请续宾以兵八千人进规安徽，时为咸丰八年八月。逾月，连下潜山、太湖、桐城、舒城四县，留兵守之，而兵分益少。于是所部仅五千人，进攻三河集，毁太平军九垒，而锐尽于攻坚。陈玉成与侍王李世贤以十万众至，连营亘数十里，遮粮道绝。续宾突围不得脱，跃马陷阵，死之，而余卒犹力战，一军尽殁，殆六千人无苟活者。其弟续宜，出收集散亡，哀迫之际，入则损食悲咽，出则拊循溃卒，思乡者遣归，愿留者编伍。哺粟赐衣，接以温语，差讨偏裨之罪,而简用其良,相与申儆简练,而湘军复振。续宾战必身先,而续宜则规画大计而不甚较一战之利。至其临阵,百审一发,则与续宾无不同。续宾刚毅木讷,选士以知耻奋勇、朴诚敢战为上。每临阵,安闲镇静,不苟接刃。驭军极宽,终年不见愠色,而号令严明,如有犯者,挥涕手刃,曾不以情恕也。湘军营制,创于泽南。编队立哨,略仿戚继光束伍法。行之既久,诸将多以意更张,惟续宾独守师法,曰:"立法者但求大段安善,行法者当于小处弥缝。"尤能以少击众,霆奋鸷捷,务制敌先,而亦以是败。然与太平军战之日久,洞悉情伪,而得制胜之算。与王鑫书曰:"贼军飘忽变动,无不活着;我军为贼牵制,总是滞着。若不变计,平贼无日。某以为围城堵隘之兵,固可静不可动。但贼善于乘虚,长于攻瑕,多方误我以入彼之彀中。我亦明知而不能不入者,则以我军别无一枝足以流动活泼,电掣风行以预先扼击而制彼之计也。然则非别立常动之兵不为功。而兵常动,专击窜贼援贼,乍至便迎头速剿,既败则拦尾猛追,务使虚无可乘,瑕无可攻。夫静驻之兵,既得以制贼死守之命;而常动之军,又可制贼飞扬之患,庶定澄清之局矣。但常动之军,因贼乃动,动之以机者也。有时无事而闲暇,则较静驻之军而更静。相机而动,维吾之所欲为,然后致人而不致于人。"其后王鑫出兵江西,殄强敌,克名城,常以动制胜,则用续宾之说也。续宾军行所至,百姓欢迎,不扰耕市,不造守令,不索供张。与人接,呐呐不言,而意溢于色,色余于辞。虽他军之将士,逃难之流民,皆归之若父兄。闻其死,哭之皆恸云。予谥忠武。传有《李忠武公遗书》四卷。

王鑫,字璞山。生三岁,母贺授以经,辄能背诵。十岁读书家塾,弱不好弄。日方哺,诸童为儿嬉戏,而鑫不与。手《通鉴纲目》一册,默然凝视,心所领会,动形于色。常大言:"人生一息尚存,即当以天下万世为念。"而书数语于壁曰:"置身万物之表,俯视一切,则理自明,气自壮,量自宏。凡死生祸福,皆所不计也。"时年十四。及二十岁，授经里中，不沾沾于章句，为书塾学约八则示学者，大指以求放心、化气质为归；而益自淬厉于学，欲以身先之也。二十四岁，补县学生。会罗泽南家居讲学，往受业。日夜讲习明善复性、修己治人之道。鑫体貌清癯，目光炯炯射人，声大而远，好为议论。同门侍坐，辞气溢涌，他人莫能置喙。泽南徐哂曰："璞山盍少休，让吾侪一开口乎？"鑫亦自笑也。明年夏，大旱饥，土寇啸聚百人于县南掠食，居民惶骇无所措。鑫自学舍归，驰集里中人，略以兵法部署，而出境捍逐，应时解散。然后白县官发仓谷平粜，劝富绅出余谷赈济，饥而不害。时道光二十九年也。于是邑人推重，籍籍有任侠名。会太平军起广西，湖南亦震，而盗贼四起，乃倡团练保伍之法。邑人狃承平久，闻鑫议，莫不掩耳。而鑫不计成败利钝，不顾祸福生死，上说下教，将之以诚。以谓："团者，团扰一气，尔我相救，生死相顾，此之谓'团'。练则练器械，练武艺，练阵法，尤要练胆。而练胆必练心。胆有大有小，心则人同此心。人人欲保全身家性命，而盗贼害我身家性命。非杀贼，不能自保；而非练器械、练武艺、练阵法，不能杀贼，所以要'练'。然一人之力，能有几何？而盗贼则先啸聚多人，非大众随心、同心共死互相保，不能自保，所以要团；非编民甲、清宵小，内奸不清，则外寇乘，所以非保伍则团练亦无用。"湘乡之办团练，实鑫倡之。疑难百端，曾不自馁，积诚相孚，久而信赖。居恒太息以谓："每当盘根错节、掣肘违心之会，益叹民情之易与，而信王道之可行。抚躬内疚，窃恨世不我负，我自负世。然则无可诿，何敢以自弃者弃人。凡分所当为者，勉而行之，以求尽夫力之所能至焉。"然颇以此自信矣。咸丰二年，太平军入湖南，破道州。鑫上书知县朱孙诒，请练民兵。于是以意创为营制号令，日夜与罗泽南束伍选士，亲教之步伐技击，摄衣登台，陈说大义，声容慷慨，而湘勇自此始。既而巡抚张亮基檄举将才，朱孙诒举鑫以应。乃率三百人赴召。罗泽南亦奉檄率所部赴长沙，遂合军。而泽南将中营，鑫将左营。出剿衡山、安仁、桂东各县土寇，咸有功，叙绩以知县用。会国藩方练兵衡州，知其才勇，亦倚重之。

谓："王璞山忠勇男子，盖刘琨、祖逖之徒也。"鑫则自恨任事太早，用心太苦，出身太轻，上书乞归以力于学。国藩复书慰劝，欲增募其军为三千人。而鑫欲增兵万人，议论不相中。国藩疑鑫不为用，又以言大而夸，持之不固，发之不慎，气骄已盈，必以偾军也，下令汰为七百人。时左宗棠以举人参巡抚骆秉章幕府，谓其兵可用，乃仍所募三千四百人，留不汰。鑫则即募即练，以铁瓦缚士卒足，习超距；以重械勒士卒运，练臂力。习步伐，演阵式，无日不申儆所部，三令五申，而讲明分合之法，蕲于阵势变化，行伍不乱，乃可以少胜多，以静制动。于是重改定勇制，撰营制、职司、号令、赏罚、练法五篇，曰《练勇刍言》。而尤注意于练胆练心。又以意为阵法，撰《阵法新编》。其书变通古人成法，务于以定持变，以整暇胜剽悍，诏偏裨演之。及左宗棠出总师干，为元帅，而鑫已殁，凡鑫偏裨，悉罗致，而以鑫从弟开化领营务处，行军布阵，一依鑫规。平浙平闽，追奔逐北，遂歼太平军以平粤。而西出潼关，平陕甘，则以提督刘松山为大将，盖以勇丁从募而隶者焉。善用城墙、梅花、大鹏诸阵以角悍回，虽突骑万千，坚不能入。迨其布阵方圆，平锐迭用，得古人静如山、动如水之意，盖鑫之遗教也。然鑫则以谓："将兵者练固不可废，而训尤不可缓。孔子言：'善人教民七年，可以即戎。'子路，勇者也；其治兵也，有勇必使之知方。五霸尤圣门之所羞称，然晋文用其民，必先教之；而子犯谆谆然以民为未知义、知礼、知信为惧。三代以后，节制之师尚多，仁义之师绝少。降至今日，则并节制之师亦无之矣。呜呼！练且不讲，训于何有？"在军中，尝教士卒习字读书，日课《四书》《孝经》，以义理反复训谕，而引论经史大义，譬晓舋切，听者至潜然泪下。迨夜，营门扃闭，刁斗之声与讽诵声相间也。将出战，必手地图，召偏裨，环而坐，为言敌军出入何路，我师奇正孰出，揣情审势，人人献议，而相诘难，各尽其意，然后定谋。谋之既定，然后部分诸人，各专其任。有不如议，则罚无贷。纪律之严，诸将莫及也。然曾国藩则知鑫之不为用，而亦知己之不能用也，于是遗书骆秉章曰："璞山之勇，若归我督带，则须受节制，此一

19

定之理。既不受节制，自难挈之同行。今日大局糜烂，侍岂复挟长恃势，苟人少节以自尊？又岂复妒才忌功，不挟健者以自卫？惟一将不受节制，则他将相效，离心离德，何以策功？若听璞山自成一军，公宜先行奏明，此亦一定之理。世虽大乱，而纲纪不可紊也。"然而左宗棠则笑之曰："涤生每叹人才难得，吾窃哂之。涤问其故，吾曰：'君水陆万余人矣，而谓无人，然则此万余人者无可用乎？集十人于此，则必有一稍长者，吾令其为九人之魁，则九人者必无异词矣。推之千万人，莫不皆然也。'吾之所用，皆涤公用之而不尽，或摈不复召者。王璞山，其一也。及吾用之而效，而涤又往往见其长而欲用之矣。然则涤之弃才，不已多乎？非知人，不能善其任；非善任，不能谓之知人。非开诚心，布公道，不能得人之心；非奖其长，护其短，不能尽人之力。非用人之朝气，不用人之暮气，不能尽人之才；非令其优劣得所，不能尽才之用。亦于是讲求之而已。"国藩亦无以答。及国藩亲督水陆万人自衡州东征，而秉章檄鑫前驱，连克湘阴、岳州，疾进至羊楼司，而太平军大至，一接而败，退守岳州。而国藩部将邹寿璋驻焉，曰："城空无食，不可守也。"鑫不听，而寿璋以所部退。鑫婴空城自守，而为太平军所围焉，一日不得食。国藩遣船至西门，各勇纷纷出，鑫问故，曰："曾帅以船来迎矣，不出何为？"鑫羞而怒，拔刀自刎，众拥登舟。而营官钟近衡、近濂兄弟及刘恪臣十数人先后战死焉，皆楚之良而泽南弟子也。军声大挫，国藩骂曰："狂夫，几何不败事！"而以大军继进，败于靖港，亦愤投水，厔乃获救也。鑫上书秉章自劾，而请收散亡，图后效。宗棠始终护持之，褫其官而不夺其兵。鑫则痛念前此致败之由，而深求古人所以致胜于万全之道，参以当日之所宜，若恍然有所得。日集各勇而训练之，务求使之人自为战。贻友书曰："不敢躁，亦何敢怠。张睢阳诗曰：'不辨风尘色，安知天地心！'鑫惟随时随事，尽分所能为、力所能至而已，他何知焉？"自是国藩以罗泽南、李续宾师弟军，转战江西、湖北，所向克捷，湘军威震天下。而鑫独将，听宗棠指挥以防湖南。其时，东南各省为太平军所掩有，独湖南号为完善,奉清廷号令,援师四出以拄太平军。太平军既奠都江宁,其徒在两粤者,日夜图北出与会。而湖南缘边列县,人心动摇,太平军至,则蜂起应。鑫所部不过千人,而又苦乏饷,常数日不得食。拊循教练,相孚以义,相励于勇,崎岖湘粤边境万山之中。所遇皆强对其众数倍,朝东而暮西,此灭则彼起,孤危百战。经三四年,卒以扫荡太平军余党,不得阑入湖南境一步。俾北出湘军,得以尽力征战,无反顾之虞,则鑫之力也。积战功累官加按察使衔以湖北道员记名简放。其时曾国藩困江西,分军四出,屡为太平军翼王石达开所败,而与先后巡抚文俊、耆龄咸不相能。御史萧浚兰条陈江西军务,国藩奉旨责问。而鑫贻湖北巡抚胡林翼书曰:"涤公心事如青天白日,而刚正之性,不可屈挠。其行之通塞,系世之否泰。彼己之子,固亦无如之何耳。"既则遗书江西以致国藩曰:"世固有迹似终睽,而实神交于千里之外者,此不特难以见谅于流俗也。即一二有识之士,亦多泥其迹,莫察其心,夫岂咎人之不相知哉!生平读书论古,窃见夫贤豪者流,或于其志同道合之人,仍有龃龉,自负昂藏傲岸之概,不肯降心。君子谓其所执者隘,而所亏者多也。乃匆匆焉而躬自蹈之,不亦伤哉!鑫之受知于阁下也,甚于壬子之冬,而极于癸丑之秋。自远于阁下也,肇于加募之初,而成于败衄之后。其中离合远近之故,未始非彼苍之默为颠倒位置。而疏狂之罪,在而无可辞矣。数年来,徬徨奔走于岭表洞庭之间,欲求如衡州抵掌之一日而不可得。呜呼!茫茫天壤,同志几人? 觌面构交,知心谁是? 此鑫所以情不自禁而欲一献言于阁下之前者也。"国藩意亦释然。寻国藩丁父忧,回籍固请终制,而江西郡县陷于太平军者四十余城。湘军李续宾攻九江,刘腾鸿、李续宜围瑞州,刘长佑、萧启江规临江,黄冕、赵焕联攻吉安,皆顿兵坚城,久不下,战数败绩而良将死,军气大燀。于是左宗棠为骆秉章草奏言:"石达开在诸贼中,能以狡黠收民心,以凶威钤其众。每战则选死士,厚供给,隶为亲兵,多至数千。其临阵也,以他部前驱,而以死士监其后,层层设伏待之。前战败,而挥之赴援,往往转败为胜。胜则尽锐冲压,官军每为所乘。其止也,乍东乍西,倏隐倏现,冀乱吾之谋;其行也,忽驰忽骤,或合或分,冀伺吾之隙。此贼凶狡,非王鑫一军不足制之。"于是鑫选锐三千人,谓:"持之以小心,出之以多算。严申号令,明示赏罚,屡胜而气不敢骄,无贼而备不敢弛。禁骚扰以收民心,作忠义以邀天眷,让功能以和诸将。以此众战,其有济乎!"乃以咸丰七年三月出兵江西,不攻坚而游击,声东击西,纵横驰突;而伺其瑕,并兵一向。太平军猝莫知措,为之语曰:"出队莫逢王老虎!"旬月之间,大捷十二。而鑫亦惫奔命,感热疾,卒于军,年才三十三,予谥壮武。其军则偏裨分领之,世称"老湘营"。及曾国藩再起督师,转战江西、安徽,则资老湘营以自强。其大将张运兰、运桂兄弟尤其选而鑫之偏裨也。鑫之治军,好整以暇,无日不课弁卒读书,而己亦无日不读书。尤喜《周易》,玩辞观象,窃叹人事之变迁,不外阴阳之消长,泰否之乘,剥复之运,其理甚著,而其几甚微。伊古来治乱兴亡之迹,不出乎此。而自恨胸中绝少宁静之致,太息曰:"由平日养心养气未能用功耳。稍暇则温《周易》而心不与理洽;掩卷时,又忧书自书,我自我。然犹稍胜于悠忽过去也。试观古今来能胜大任者,虽身极劳,心极忙,此心必常有休暇之致。故万汇杂投,应之绰有余裕。盖暇则静,静则明自生;休则通,通则灵机常活。明与灵,吾心所恃以酬万事者也。大抵治兵与治心,事虽异而理则同。少纵即逝,常操乃存。危微之机,所关甚巨。将之以敬,贞之以诚,一有未至,则罅瑕立见,而流弊遂不可胜言,自非常惺惺不可也。天下事,坏于玩愒者固多,坏于张皇者实亦不少。镇静二字,实任重致远、酬酢万变之本。几须沉,乃能观变;神必凝,方可应事。若纷纷扰扰,不惟自损,且负国负民矣。"及其大捷于江西也,致左宗棠书曰:"吾卒惫矣。幸气愈王而神愈敛,或尚可用。"宗棠复曰:"璞山以治心之学治兵,克己之学克敌。知兵事以气为主,而多方养之,俾发而不泄,泄而不竭,故其劳烈遂至于此。来书'气愈王而神愈敛'一语,直揭古今用兵要诀,非深于此道,不能说,不能知。果能此道矣,则静专动直,虽千万人何慑焉！尝论用兵须全体《周易》，知进退存亡而不失其正，才为万全。能此者有几人哉！"时李续宾方领兵九江，而鑫贻书规之曰："大丈夫出身为国计，名固不求，罪亦勿避。切勿效小英雄手段，知进而不知退，知经而不知权，胶拘于一成之见，听操纵于庸人之手也。"传有《王壮武公遗集》二十四卷。

四、胡林翼　曾国藩　左宗棠

罗泽南、李续宾、王鑫，三人者，披坚执锐以当太平军，身经百战，未享成功。而胡林翼、曾国藩、左宗棠三公，则知人善任使，指挥若定，幕府画啸，而坐享其成；身兼将相，爵至通侯。显晦不同，劳逸亦殊。然其困心横虑，裕以问学，以忧患动心忍性，而不以忧患丧气堕志一也。如以勋名之崇庳而定人品之高下，抑浅之乎为丈夫已！

胡林翼，字贶生，号润芝，益阳人，道光十六年丙申进士。咸丰朝，以战太平军，积功累擢官湖北巡抚，卒于官，谥文忠。其行事，世多知，不具著，而著其动心忍性，见于经世宰物之大者，以为后世法。道光之季，林翼以知府分发贵州，历署安顺、镇远等府，捕盗锄奸。其平日训练壮勇，仿戚继光《纪效新书》《练兵实纪》而变通之。勇不满三百，而锐健果敢，一可当十。搜剿匪徒于深林密菁，上下驰逐，与同甘苦。而著《保甲团练条约》及《团练必要》诸篇，颁之属县，督以必行，以固民志、清盗源。行之有效，夜不闭户。顾每以谓："团练之效，外助官军，内消宵小，此为治乡之要；而亦与吏治之用人、兵政之选将相似。假如守令不得人，则州县必坏；将领不得人，则兵勇必溃。团练亦然。以正士良民为一团之长，则一团之民皆可御侮。以劣生莠民为一团之长，则一团之民，可使抗粮犯法，可使攘夺为乱。假乡民以兵刃，而官吏不能躬亲董劝，旌别淑慝，则目前之成效难期，而日后之流弊滋甚。"咸丰元年，补黎平府。洪秀全、杨秀清起广西，永宁、怀远、融县，环黎平西南界，皆蜂起以应。林翼则举保甲，办团练，修建碉堡，连屯相望，以谓："言战不如言守，用兵不如用民。用民力以自卫,不如先用地利以卫民。"自后,黎平迭为太平军及叛苗环扑而屹不可拔,则林翼之以也。累擢四川按察使,留湖南办理防剿。以咸丰五年署理湖北巡抚。洪秀全已都金陵,倾锐西犯,武昌、汉阳、黄州、德安,皆为所据。林翼坐困金口,无官无幕,一身悬寄。独念自古平东南,必争上游。武汉,则金陵之上游也。荆襄绾南北之孔道,而武汉又荆襄之咽喉,非力图之,无以救败。其时水陆军万人,多新募未经战阵,太平军所向披靡。林翼从容谈笑,处以坚定,军屡挫而气弥厉,鼓舞诸将,以忠义相感发。尝谓:"兵事以人才为根本,人才以志气为根本。兵可挫而气不可挫,气可挫而志不可挫。"因以抚循温恤,整饬其军而简练之,遂克武汉而奠定焉。乃上疏言:"武汉形势壮阔,自古用武之地。荆襄为南北之关键,而武汉为荆襄之咽喉。昔周室征淮,西出江汉;晋代平吴,久谋荆襄。王濬造船,循江而下;陶侃之勋,镇守武昌。宋臣岳飞、李纲之谋画岳鄂,均以此作高屋建瓴之势。控制长江,惟鄂为要。夫善斗者必扼其吭,善兵者必审其势。今于武汉设立重镇,则水陆东征之师,恃武汉为根本,大营有据险之势,军士无反顾之虞。军火米粮,委输不绝,伤痍疾病,休养得所。应请于武汉设陆师八千人,水师二千人。此万人者,日夜训练,则平时有藜藿不采之威,临事有折冲千里之势。且东征之师,孤军下剿,善战者必伤,久役者必疲。伤病之人,留于军中,不仅误战,亦且误饷。若以武汉之防兵,更番递代,弥缝其阙,则士气常新,军行必利。至水师以炮为利器,炮声震叠,无半年不修之船,亦无一年不大修之船。更番迭战,以武汉为归宿,则我兵常处其安,而不处其危矣。"于时,官私扫地赤立,吏好货,民骜乱。而林翼以乱之生,由法度废弛。吏敝民媮,因循苟且,以有今日。不务讨贼,则乱之流不塞;不务察吏,则乱之源不清。劾参镇道府厅以下数十员,与属吏更始,禁应酬,严奔竞,崇朴实,黜浮华。于是在官者推廉让能,稍知吏治矣。综核之才,冠绝一时。每于理财之中,暗寓教民察吏之法,谓:"天下非鄙吝之人,不能聚财;非抑勒,不能散鄙吝之财。明崇祯之劝慰而不助军饷,李自成之脑箍而一献百万，叔季人心，大率类是。夫不得已而养兵以杀贼，即日费万金，亦出于救民。取税赡军，使人民同仇，即以教忠。多入少出，使局员洁己，即以兴廉。"养兵六万，月费四十万，而民无怨谤，兵无乏饷，自是湖北军强天下。顾不为自固之谋，南征九江，北取安庆，发踪指示，皆出林翼。以为江楚唇齿相倚，而九江扼长江之冲，实江楚门户。九江一日不复，江楚一日不得安枕。九江既复，而太平军所扼长江险要，独有安庆。而有清一代，督抚之用兵出辖境，自林翼始。其治军务明纪律，而选将尚志气，用兵贵审固，以谓："将以气为主，以志为帅。专尚驯谨之人，则久而必惰；专求悍鸷之士，则久而必骄。兵事毕竟归于豪杰一流。气不盛者，遇事而气先慑，而目先逃，而心先摇。平时奉令慎谨而真意不存，则成败利钝之间，顾忌太多而趋避愈熟，必致败乃公事。然军事何常之有？以为兵力厚，而胜负之数又不系乎厚薄；以为将才勇，而胜负之事又不尽系乎勇怯。将在谋而不在勇。于战胜攻取之道具有心得，以静制动，以预应猝，以我料敌，以经行权，读兵书而通其变，而知进知退，能正能奇，虽古名将，不是过矣。凡事当有远谋，有深识。坚忍于一时，则保全必多；一惭之不忍，而终身惭乎！为小将须立功以争胜，为大将戒一胜之功而误大局。盖侥幸而图一胜之功，不如坚忍以规远大之谋。兵事不在性急于一时，惟在审察乎全局。全局得势，譬之破竹，数节之后，迎刃而解。贵乎审机以待战，尤贵蓄锐以待时。知敌之不可以力争，莫若审势而避其坚；知事之不可以勇斗，莫若择利而蹈其瑕。临阵分枝，不嫌其散；先期合力，必求其厚。择贼所不防之处，并力一战，如破竹然。于根本节要批之，则势钝；于竹尖竹尾批之，则势利。贼从东来，西面必轻；西面破，东面自懈矣。兵法攻瑕，不可不思。夫战，勇气也，当以节宣、蓄养、提振为先；又阴事也，当以固塞、坚忍、蛰伏为本。譬之南塘矛法，须先让对手打一下，然后应之。此理至微妙。坚持以待其弊，伺其瑕而蹈之，一发即破矣。不战则已，战则须挟全力；不动则已，动则须操胜算。非算定，非多算一二著，不能成功。以多蓄兵力，预留活著为第一义。凡兵事有先一著伐贼谋而胜者，有后一著待贼动而后胜者，此时须待贼动而后应之，躁者必败，静者必胜。动者必躁，静者有所恃，有所谋，不可测也。"抚驭诸将，量能授事，体其隐衷而匡其不逮。或家在数千里外，辄馈资用，问遗其父母，珍裘良药，使岁月至。而败军政，罚亦不贷也。生平以天下为己任，而体羸善病，咳血久，欲寐则咳，叹曰："吾欲耽半夜之美睡不可得，而百年之美睡又不即至，吾已矣夫！"既而曰："吾疾苦，不祈死，亦不怨生。惟义之趋，此心坦然，而精气迥异前数年矣。"及咸丰十年，曾国藩为两江总督，用林翼之谋以围安庆，久不克。而林翼亦出兵英山，进驻太湖为声援，调兵筹饷，日不暇给，而委己于学，夜则延老儒姚桂轩会讲《论语》，未尝稍间。一日，病甚不食，左右请曰："公休矣。"笑曰："吾口不能食耳，吾舌尚存，吾耳有闻，何必不讲书，不听书？"自言："读书有得，临政治军，与文武将史叙论，无不尽其情伪而心目涣然，指画秩然。"终日危坐，讲求兵事吏事之要，汲汲施行。顾左右叹曰："闻道苦晚。今虽稍有所见，而不及行者多矣。"与曾国藩、左宗棠共济艰难，推诚相接。而两人者，名位高下迥殊，一与为亡町畦。每曰："涤帅德高而谨慎之过，季高才高而偏激之过，咸性情之所独至，不能易也。涤公之德，吾楚一人；而季高谋人忠，用情挚，特伤于偏激；如朝有忠臣，室有烈妇，平时尝小拂意，临患难乃知其可恃也。"而国藩之称林翼，则曰："润公聪明，本可霸术。而讲求平实，从日常行事以见至理，开口皆正大之语，举笔则正大之文，不意朋辈中进德之猛，有如此者。其于朋友，纯用奖借，而箴规即寓乎其中。有权术而不屑用，有才智而不自用，有如此襟怀气局，岂与仓猝成功名、权宜就事会者比哉！"李续宜隶林翼久，告国藩曰："胡公待人多血性，然亦不能无权术。"国藩应曰："胡公非无权术，而待吾子昆季，则纯出至诚。"续宜笑曰："然，虽非至诚，吾犹将为尽力也。"传有《胡文忠公全集》四卷。

曾国藩，字伯涵，号涤生，湘乡人，道光十八年戊戌进士。咸丰朝，累官两江总督。以平太平军功，封一等毅勇侯，晋大学士。卒于官，谥文正。湘勇之战胜攻取，国藩资之以有成功，而威震天下。然而事之初起，国藩独焦心苦思，虑湘之不成其为勇，以谓："湘勇不佳处有二：一则乡思极切，无长征久战之志；一则体脆多疾病，不耐劳苦。将帅亦皆煦煦爱人，少英断肃杀之气。大抵衡湘之士，狃于风气，不惯面食。冬则皮帽皮衣，炭盘手炉，刻不能离。罗、李名将，亦不免冬烘。"尝贻书刘蓉、左宗棠诸人太息论之，则湘之所以为勇者亦仅矣。而一时之风气转弱为强，因恃有一二贤豪长者为之倡。而忧勤惕厉，抑亦国藩矢此寸衷，有以鼓舞而大振奋之也。国藩幼而端默，未尝啼泣，花开鸟语，注目流眄，状若有悟。稍长，研穷经史，因文见道，而尤好韩愈文，慨然欲蹑而从也。既以二十八岁登进士，遂官京师，从太常寺卿善化唐鉴游，讲求为学之方。时方读史阐经世之学，兼治诗古文词。鉴则专以义理之学相勖。遂以朱熹之书为日课，而肆力于宋学矣。与蒙古倭仁、六安吴廷栋、昆明何桂珍、窦垿、仁和邵懿辰之徒，往复讨论。为日记，有过必记，力自绳检。每太息谓："今之学者，言考据则持为骋辩之柄，讲经济则据为猎名之津。言之者不怍，信之者聩耳，转相欺谩，不以为耻。至于仕途，奸弊所在，蹈之而不怪，知之而不言。泄泄成风，阿同骇异。谓今日而言治术，则莫若综核名实；今日而言学术，则莫若取笃实践履之士。物穷则变，最浮华者莫如言。积玩之后，振之以猛，意在斯乎！"咸丰初，以直言极谏有声。累官侍郎，丁母忧回籍。而太平军长驱入湖南，奉诏督办本省团练。国藩语湖南巡抚张亮基曰："团练仅卫乡里，法由本团醵金养之，不饷于官，缓急不可恃。请改募成军，乃可资以讨贼。"湘勇之说自此始。而事权不属，文酣武嬉，召闹取怒。独以公忠诚朴为天下倡，与左宗棠书曰："今日百废莫举，千疮并溃，无可收拾。独赖此耿耿精忠之寸衷，与斯民相对于骨岳血渊之中，以求塞绝横流之人欲，以挽回厌乱之天心，庶其万有一补。"而以提督鲍起豹龃龉，嗾标兵与湘勇哄，移驻衡州以避之，增募勇丁足六千人。以谓："所募之勇,全在立营时之严训练。训有二:训打仗之法,训作人之道。训打仗,则专尚严明,须令临阵之际,兵勇畏主将之法令甚于畏贼之炮子。切不可使其因扰民坏品行,因嫖赌鸦片而坏身体。个个学好,人人成材,有殷殷望其成立之意,庶感发而日趋于善。练有二:练队伍,练技艺。练技艺,则欲一人敌数人;练队伍,则欲数百人如一人也。"每逢月之三八日操演,集诸勇而申儆之,反复谆谆至千百语。每日召诸裨将轮对,至一时数刻之久。自言:"不敢说法点顽石之头,亦欲苦口滴杜鹃之血。练者其名,训者其实。"哓口瘏音,耳提面命。然成师以出,大败靖港,而初困于江西,再围于祁门,诸将奔命,危然后安。其过人识力,在不摇定见。当死生存亡之交,持孤注以争命;值危疑震撼之际,尤百挫而不挠。盖其所志所学,不以死生常变易也。其在军也,终日凝然,奏牍书札,无不躬亲。危城之中,益诵书史。尝谓:"军事变幻无常,每当危疑震撼之际,愈当澄心定虑,不可发之太骤。"盖其生平所得力者在此,所以能从容补救,转危为安也。持己平实,不为矫激,而欲萃诸子百家之长于当躬。曰:"游心如老、庄之虚静,治身如禹、墨之勤生,齐民如管、商之严整,而持之以不自是之心。虚心实做,庶几乎道矣。"综其一生,定为戒律,守之甚严,而持之有恒者,一曰不诳语,二曰不晏起。任事之初,横逆四面至,无所措手,以为天下事必无幸。与友人谈:"当今之世,富贵无可图,功名亦难就,惟有自正其心,以维世道。所谓正心者,曰厚实。厚者,恕也。己欲立而立人,己欲达而达人。己所不欲,勿施于人。存心之厚,可以少正天下浇薄之风。实者,不说大话,不骛虚名,不行驾空之事,不谈过高之理,如此可以少正天下浮伪之习。"以此自励,亦以此戒所属。然挫败既多,德慧亦生。常诫诸将曰:"宁可数月不开一仗,不可开仗而毫无安排算计。凡用兵之道,本强而故示敌以弱者多胜,本弱而故示敌以强者多败。敌加于我,审量而后应之者多胜;漫无审量,轻以兵加于敌者多败。兵者,不得已而用之。常存一不敢为先之心,须人打第二下,我打第一下。'夫战勇气也,一鼓作气,再而衰,三而竭。'余于数语,常常体验。大约用兵无他谬巧,常存有余不尽之气而已。孙仲谋之攻合肥,受创于张辽;诸葛武侯之攻陈仓,受创于郝昭,皆初气过锐,渐就衰竭之故。惟荀罃之拔偪阳,气已竭而忽振;陆抗之拔西陵,预料城之不能下,而蓄养锐气,先备外援以待内之自敝。此善于用气者也。愿学陆抗,气方锐而厚蓄之;不愿学荀罃,气已竭而复振之。愿算毕而后战,不宜且战而徐算。与悍贼交手,总以能看出他的破绽为第一义。若在贼者全无破绽,而我昧焉以往;则在我者必有破绽,被贼看出矣。毋乘以躁气,毋摇以众论,自能觑出可破之隙。若急于求效,杂以浮情客气,则或泰山当前而不克见。昔作有《得胜歌》云:'起手要阴后要阳,出队要弱收队强。初交手时如老鼠,愈打愈狠如老虎。'虽粗浅之言,而精意不外乎是。大抵平日非至稳之兵,必不可轻用险著;平日非至正之道,必不可轻用奇谋。稳也,正也,人事之力行于平日者也;险也,奇也,天机之凑泊于临时者也。军事如枪法,门户宜紧;如拳法,有伸有缩。若入之太深,则有伸无缩矣。"然自将则败,命将则胜。其用兵也,不善制胜,而善救败。折而不挠,神闲气定。常以因祸而为福,转败而为功,以是诸将久而服之。居官治军,粹然儒者,戎马仓皇,不废文事。以谓:"古之知道,未有不明于文。吾儒所赖以学圣贤者,独藉于文以读古圣之书,而究其用心之所在。然则此句与句续,字与字续者,古圣之精神语笑,胥寓于此,差若毫厘,谬以千里。词气之缓急,韵味之厚薄,属文者一不慎,则规模立变;读书者一不慎,则卤莽无知。故欲明先圣之道,不得不精研文字。"及其自为文章,盖诵说桐城姚鼐之义法,至列之《圣哲画像记》曰:"国藩初解文章,由姚先生启之也。"然寻其声貌,略不相袭。大抵以光气为主,以影响为辅,力矫桐城懦缓之失。探源扬马,专宗韩愈。奇偶错综,而偶多于奇。复字单谊,杂厕相间,厚集其气,使声采炳焕而戛焉有声。异军突起,而自成湘乡派。门弟子著籍者,武昌张裕钊、桐城吴汝纶最为绝出,先后主直隶保定之莲池书院。新城王树枏、武进贺涛,得其法脉,声光迸出以称宗于河北,传授徒友。而于是河北之治古文者,皆衍湘乡之一脉焉。桐城之文,由归有光以学欧阳修,由欧阳修以追《史记》,蕲于情韵不匮,意有余妍。湘乡之文,由韩愈以摹扬、马,由扬、马以参《汉书》,蕲于英华秀发,语有遒响。桐城优游缓节,如不用力,而湘乡则雄奇跌宕,肆力为之。其大较也。自来言宋儒程、朱之学者,无不拘谨。而罗泽南发之以大勇;为桐城方、姚之文者,多失缓懦,而国藩矫之以雄奇。然则湖南人之所以为湖南,而异军突起以适风土者,一言以蔽之曰:强有力而已。奖拔英豪,如恐不及,而择其尤,同升诸朝。左宗棠以举人参湖南巡抚幕,而为湖广总督官文所劾,欲逮讯,则以深明将略荐为帮办军务,授浙江巡抚。李鸿章以年家子相依,莞奏记,则以文武兼资荐为江苏巡抚。咸致大用,弘济艰难。其后宗棠故相违异,以见风采,明孑立。而扬言于朝,则曰:"曾国藩知人之明,谋国之忠,非所能及。"及国藩之殁,乃制其语为挽联曰:"谋国之忠,知人之明,自愧不如元辅;同心若金,攻错若石,相期无负平生。"自以为和而不同,君子之道焉。传有《曾文正公全集》二百二十八卷。

左宗棠,字季高,湘阴人,道光十二年壬辰举人。洪秀全、杨秀清起广西,道湖南,奄有江东。宗棠起参湖南巡抚骆秉章军事。挥兵四出,遂以知兵历仕咸丰、同治、光绪三朝,平太平军,平陕捻,平甘回,克复新疆。累官浙江巡抚、闽浙总督、陕甘总督、两江总督、晋大学士,封一等恪靖伯,晋二等侯,谥文襄。历古以来,书生戎马,而兵锋所指,东极于海,西尽天山,纵横轶荡,未有如宗棠者也。世之人,徒震其功名冠时,才高意广,而不知忧勤惕厉,操心之危,虑患之深,固无不与胡林翼、曾国藩二公者同。胡林翼聪明绝世而纳之于平实,曾国藩谨慎持躬而发之为强毅,而宗棠则豪雄盖代而敛之以惕厉。语于人曰:"古之读书修身,卓然有立者,无不从艰难困苦历练而出。若读书不耐苦,则无所用心之人;处境不耐苦,则无所成就之人。'动心忍性'四字,最可玩味。'动'字之义,即《乾》之'惕',《震》之'恐'也。

'忍'则艰贞正固之义。人情耽于逸乐，当无事之时，觉眼前无可复虑，耳目口体之欲日盛，而德慧术智，日即消亡，冥然顽然。遇不如意事，见不如意人，斯可以验平素之道力。至成败利钝，在我者不能不明辨深思，在天者不敢参也。窃以为近时人心之蔽，每因此关未能勘破，而丧其心之所明，以扰淡定之天。不如索性做去，成败利钝，不置于怀，世上尽有风波，胸中自无冰炭。而忧烦抢攘之中，时获一恬舒休裕之境，庶可担当世事也。"自童儿时，即知慕古人大节。稍长，为壮语，视天下事若无不可为。而贫无钱买书，于家塾得前巡抚桂林陈宏谋在湖南刊行大字本《四书》，辄欣然忘食。日有粗粝两盂，夜有灯油半盏，即思无负此光景。而无奇书可得，惟就《四书》、《五经》，讽诵咀嚼。自谓："一生受用不尽。"四十年以后，抱负措施，都从此时蕴蓄。筋骨体肤，都从此时磨练也。迨年十八九，于书肆购得顾祖禹《读史方舆纪要》，潜心玩索，喜其所载山川险要，战守机宜，了如指掌。而参以顾炎武《郡国利病书》及齐召南《水道提纲》，彙编手抄。又读贺长龄所纂《皇朝经世文编》，丹黄殆遍。而长龄方以江宁布政使居忧长沙，闻而召延焉。发所藏书，借与披览。梯楼以取，而数登降，不以为劳。及宗棠之还书也，必问所得，讲论孜孜。每曰："天下之大，人才之少，幸毋苟且小就，自限其成也。"遂介之见其弟熙龄。熙龄方以御史家居，主城南书院，而诏以读宋儒义理之书。乃与罗泽南为友，砥砺学行。而以二十一岁与兄宗植同榜乡试中式。宗植领解，而宗棠中式第十八名。遂入赘于湘潭周氏。妇名诒端，字筠心，常时敛衽危坐读书史。香炉茗碗，意度翛然。而宗棠每与谈史，遇未审，随取架上某函某卷示宗棠，十得八九。宗棠阅方舆书，而授妇绘图，为《舆地图说》，详绘山川道里，条列历代兵事，而不及形势。盖以地无常险，险无常恃，攻守之形，不可前定也。历岁乃成，署联于楹曰："身无半亩，心忧天下；读破万卷，神交古人。"少而力耕，喜读农书而躬验有得，以区种为良，作《广区田图说》，指陈其利。而以食为民天，必资于农，思为一书，分类撰著，曰《朴存阁农书》。自负平生以农学为长，尝问之而得其事，亦学之而得其理。以谓："今之农者，亦如今之学者，欲速见小，自误而以误人。吾三十以后，读书渐多，阅世渐深，知区区之存于心中，自以为是者，仅足以仿当今无足指数之人。而于古之狂狷，尚未逮也。则愿力耕读书以自勉其所为。"兄宗植假馆四方，岁暮归，辄出所著录相示。或谈掌故，论时事。然学求心得，不尚苟同。尝各持所见，断断辩难，穷日达夕，至颜发赤，妇周乃温酒解之。酒后，或仍辩诘，或遂释然。三试礼部不第，伏处田里，半耕半读，而隐然具公辅之望。两江总督陶澍、云贵总督林则徐、贺长龄，交相推重。及洪秀全以其徒徇湖南，巡抚张亮基、骆秉章先后延佐军幕。是时民不知兵，兵不经战。宗棠以谓："欲遏贼势，先固民心，须先使民知兵。"会曾国藩奉诏办团，乃就商，所见略同。遂罗致豪杰，募练勇丁。国藩率师东征，而宗棠佐骆秉章以坐镇湖南。湖南之得以保境安民，湘勇之用能杀敌致果者，曾国藩倡之，骆秉章主之，而宗棠实力赞之。所用人才，皆国藩所不喜，曰："天下之才几何？若不宽以录之，则凡需激厉而后成、需磨练而后出者，胥遭屈抑矣。凡用人，用其朝气，用其所长。忠告善道，使知意向。勿穷以所短，迫以所不能，则得才之用矣。然才之难得，不在谋而在勇。汉高百战而得天下，其《大风歌》则曰：'安得猛士兮守四方！'是真阅历有得之言。留侯曲逆，若不得韩、彭、绛、灌之流，亦不能济事。大凡才气恢廓之人，时有粗豪之病。人之性质，各有短长，不可概以绳墨相拘，亦不必求其相谅。梦想奇才，求之不得，则以世之游侠必有奇才出其中也，不知若辈只能为乱民耳。试看历来游侠有几成人？屠狗贩缯中所以有豪杰者，所执虽卑，而其心尚朴，其性尚完。若游侠，则已凿其天纵，其偏至之性不畏不仁，不耻不义，吾安得与之游节义之林哉！"选将训士，募府雍容；南征北讨，指挥若定。而申儆之曰："兵事属阴，当以收敛闭塞为义；战阵尚气，当以磅礴郁积为义。知柔知刚，知微知彰，则皆《乾》之惕若之心为之也。至用兵之道，察地势险易，审彼己情形，规模局势，尚可预计。而临敌之审机致决，瞬息不同。兵情因贼势而生,胜负止争呼吸,断无遥制之理。自忝军事,阅历颇多,其中有算至十分而用七八分已效者,有算至七八分而效过十分者,亦有算至十分而效不及三四分者,更有我算多而贼算不应,并有贼算出于我算之外者。大抵胜局须防一著之错,败局原有一著之生,其分在用子之人,其效在一心之用而已。兵事利钝,未可预知,而锐进须防其退速,后劲尤重于前茅。盖战阵之事,最忌前突后竭。行军布阵,壮士利器厚集于后,则前队得势,锋锐有加,战胜而兵力愈增,必胜之著也。若全力悉注前行,一泄无余,设有蹉跌,无复后继,是乃危道。"曾国藩出师屡挫,而宗棠用兵必胜。岸异自负,署号"葛亮"。特诏以四品京堂帮办国藩江南军务。募五千人,自树一帜,号曰"楚军"。遂以平浙,平闽,平粤,平陕,平甘,平新疆,战胜攻取,威殚旁达。而始出兵之江西,与石达开战于景德镇。以新集之勇,当方张之寇,斩将搴旗,军声遂振。而诏所部将卒曰:"汝曹亦知我之所以胜乎?始贼以重围困我,贼众我寡,其锋锐甚,不可战也。贼见我不动以为怯,数挑战,骄也,骄极必怠,俟其怠而击之,用力少而成功倍也。兵之强弱,在乎气之盛衰。无以司其消长之权,则强者弱矣,今日之贼是也。我有以妙其鼓舞之用,则弱者能强矣。"大兵之后,赤地千里。而宗棠教将士种树艺蔬,辟田野而抚残黎,因地制宜,诏以山农泽农之法。其入关度陇而平陕甘也,首师行所至,辄以屯田为务。至则相度形势,于险隘之口,安营设卡,而垦平原为广田。督弁卒战阵之余,即释刀仗,事锄犁以艺谷蔬。农功之暇,则开沟洫,便灌溉以兴水利,筑堡塞以居遗民,给耕具种子以劝农田。官道两旁,种榆柳垂杨以荫行旅。兵民杂作,而宗棠日巡行看视,以劳来而劝勉之。及其流亡渐复,客作渐集,则去而之他。所有兵屯之地,尽付之民,缓催科而劝储时。自凉州以西至玉门关,井灶相望,而杨柳夹道,延数千里,绿阴沉沉。盖所部楚军,向募农家,不收游惰,而偏裨亦多来自田间,故以其所习课其所能,不烦教督而自劝也。尝诏其子曰:"古人经济学问,多在萧闲寂寞中学得。积之既久,一旦事权在手,随时举而措之。吾频年兵事,颇得力方舆之学。入浙度陇，兼及荒政农学。大都昔时偶有会心，临急遽以得力。以此知读书之有益，而问学之宜豫。儿曹但知吾频年事功之易，而不知吾频年涉历之艰；但知吾此日勘定之功，而不知吾此后负荷之不易也。"新疆既定，而俄人以兵占伊犁，不肯还。李鸿章方为直隶总督，遥执朝政而主媾和，诏下总理衙门问宗棠。对曰："泰西各国船炮虽利而重洋远隔，彼以客军深入，虽得吾地，战则势孤，守则费巨；彼如思逞，亦有戒心。俄与中国，则壤土相连，狡焉启疆，得寸则寸，得尺则尺。苟无以制，患莫大焉。主战固以自强为急，即主和，亦不可示弱以取侮。譬之围棋，败局中亦非无胜著。惟心有恐惧，则举棋不定，不胜其耦矣。自海上用兵以来，其始坏于不知洋务之人，不知彼己，侥幸求胜。其继坏于深悉洋务之人，不知大计，苟且图存，愈办愈坏，莫知所措。西人狡诈，每于仓皇之际，乘吾猝不及详之时，危词迫促以要之，鲜不堕其度内。而和战未定之际，宜定计于先，而出之从容暇豫。以战为备，不妨以和为款。譬乘船遇风，当用风掉枪时，操船者欲张帆，必先下帆，令舟无欹侧，乃免遭险。若随风转脚，必有倾覆之虞。昔与多礼堂将军论黑龙江事，多将军力言：'非由黑龙江出兵深入俄边，不能掣爱呼俄兵之势。'意以用棋局劫着为宜。且谓：'俄越境入中国，所坏者中国地方；我越境入俄边，所坏者俄国地方。得失固不相侔也，俄人须防后路，自不敢一意向前。'多名将，不徒以武力见称。丰镐旧家，未有其匹。惜不逢此奇杰，快睹壮猷也。"英风霜气，老当益壮，而出其余事为文章，亦复生气远出，磊落英多。胡林翼谦不敢言文事，而宗棠则仗气爱奇，殊不以唐宋八家自限，而欲驾出其上，大抵以汉京之典茂，救宋人之轻侠，略与曾国藩同。曾国藩学力胜而资禀拙，每有累句；宗棠则天分高而功夫浅，不免拙笔。然大方家数，不为描头画角，而出以灏气流转，拙处亦见姿致。顾不喜接文士，以谓华而不实，无补时艰。湘潭王闿运以文章傲视公卿，擅声东南，而与之书，怪其不以贤人相师，谓："天下之大，见王公大人众矣，皆无能求贤者。"顾宗棠则言："王壬秋为易篁村传，将胡文忠说得极庸,李忠武说得太愎,于理未安。即起篁村问之,亦必有蹙然不安者。徇一家之私言,乱天下之视听,文士笔端,往往如此。"妇周戏言:"君不喜华士,日后恐无人作佳传。"笑曰:"自有我在。求在我,不在人也。士君子立身行己,出而任天下事,但求无愧此心,不负所学。名之传不传,声名之美不美,何足计较!'呼嗟没世名,寂寞身后事',古人盖知之矣。"既而同县郭嵩焘、巴陵吴敏树,欲纂《楚军纪事本末》,贻书索钞奏稿书牍,宗棠复言:"吾湘二十年以来,内固封守,外从王事,所历多危险阻绝之境。他人咋舌敛手不敢引为己任者,吾湘毅然一身当之。其初何尝有天下后世在其念虑,亦何尝预计所事成否,为寂寞身后之图。会逢天幸,各有所就,战绩昭彰,此乃天下一大转机,吾湘祷祀求之者。岂谓功必自湖南出,名必自湖南出乎?其人先世,率守耕读,不但仕宦稀少,而经商服贾以至外省者,亦不数见。老生宿儒,耐寒饿而厌声称,岁得馆谷数十石,即为称意。及兵事起,谨厚者走匿山谷,徐乃觉事尚可为,强起从戎,学骑马,学击刺,今所指为达官贵人,由此其选也。自今以观,高官厚禄,焜耀一时,何莫非先世贫苦困乏、蕴蓄积累所致乎?诸君子为桑梓谋,则凡所以去奢去泰者,莫如葆先世纯朴愿悫之风以保世滋大。俾湖以外得长享萧闲无事之福,为幸多矣。"自言:"余出山十余年,跃马横戈,气扬心粗,恐善源日涸,得暇即亲六籍。"亦与胡林翼行军必讲《论语》、曾国藩临戎不废书史之旨趣同。胡林翼以聪明成其虚怀,可谓善用其长;曾国藩以愚直成其忠诚,及宗棠以刚愎成其鸷锐,则皆善用其短。而泽之以文章,养之以学问,以艰难自励其志气,以强毅自振于挫败,三公者,又不同而同。传有《左文襄公全集》一百二十三卷。

五、刘蓉　郭嵩焘

胡林翼、曾国藩、左宗棠,功成名显,身都将相,刘蓉、郭嵩焘,方振即蹶,中构谗慝。遇与不遇,固以不伦。左宗棠荐刘蓉自代以参骆秉章之军事,郭嵩焘为左宗棠劾去而荐蒋益澧为粤抚,交道离合,亦难言之。然处官以廉靖,委己于问学,位高者固以不懈于学善全其勋名,身退者亦以不懈所学自励于家园。德业尽异崇庳,而苦学则固同归。特刘蓉以宋为学,以廉自诩。而左宗棠则与人书以切论之曰:"廉仅士之一节耳。不廉固无足论,徒廉亦何足取!吾湘之人,厌声华而耐艰苦,数千年古风未改。惟其厌声华,故朴;惟其耐坚苦,故强。惟其朴也,故塞而鲜通;惟其强也,故执而不达。今之曾侯相及郭筠仙、刘霞仙,皆是也。至于操守一事,则曾、郭、刘皆无讥焉。朋友之道,贵规其短而知其长;论人之道,贵持其贫而止于当。霞仙若以其廉而傲人,则吾湘之人,尚无不廉而在位者,又何傲焉? 若谓廉之外不必深求,则廉而在位者,又非湘所乏也。何以不闻自责以责人,而反据人所同有者以傲人乎? 霞仙生平好论学,且好以宋之程朱轨辙自命;实则不得于言,勿求于心,告子阳明一路人耳。"极言砭讥。然而生乎今之世,由今之道,真能以宋为学而心安理得,以廉自诩而不间人言,吾见亦罕矣。

刘蓉,字霞仙,湘乡人。少有志节,与曾国藩、郭嵩焘布衣订交为兄弟。而国藩早贵,官京朝,蓉尚未补诸生也。国藩集苏东坡句为联以赠曰:"此外知心更谁是? 与君到处合相亲!"盖以子由相视,而贻书告以因文见道之说。及国藩奉诏办本省团练,蓉规以书曰:"执事今世所谓贤者。称执事之能者曰：'文祖韩愈也；诗法黄庭坚也；奏疏所陈，欧阳修、苏轼之伦；志量所蓄，陆贽、范仲淹之亚也。'数者诚足以暴于天下矣。道丧而文敝，得贤者起而振之，岂曰小补。然此特士君子不得志于时之所为耳。既已达而在上矣，则当行道于天下，以宏济艰难为心。托文采以庇身，而政纲不问；藉诗酒以娱日，而吏事不修。陋习相承，已非一日。君子推原祸殃所自始，将唾弃之不暇，忍复蹈覆辙而躬为之驾哉！大疏所陈，动关至计，是固言人所不能言、所不敢言。然言之而未见其效，遂足以塞大臣之责乎？国是未见其益，而闻望因以日隆；度贤者之心，不能无歉然于怀也。若夫陆、范之志量则远矣。匡主济时之略，先忧后乐之怀，执事雅量及此，庶能任天下之重者。亦望陈古训以自鉴而不矜于气，规大道以自广而务宏其度，集思广益，庶几近之。若规永叔、子瞻①之节概以自多，采退之、鲁直之词华以自豪，此承平无事之世，所以优游以养大臣之望者，而非当今之所急，以无救于治乱之数也。'颂执事之贤者曰：'其廉可师。'明执事之志者曰：'以身殉国。'虽执事之自许也亦然，曰'不爱钱'，'不惜死'。壮哉言乎！虽然，以此二者明执事自待之志，可矣；若以慰天下贤豪之望，尽大臣报国之忠，则岂但已哉！贪夫之殉利也，如蚁蚋之逐臭。于此有人，志节皎然，可不谓贤乎？然自君子观之，特士行之一节耳。贞女之自号于众曰：'吾能不淫。'不淫，遂足以该淑女之贤德乎？不规其大而遽以自旌，则何见之陋也！今天下祸乱方兴，士气弥懦，欲驱天下智勇才辩之士捐坟墓，弃亲戚，出没锋镝以与死寇角，非赏不劝。汉高捐四千户封赵壮士，而陈豨授首；项羽印刓不忍予，而韩信、陈平间行以急去。故滥赏则志士耻与庸竖为济，而吝赏抑无以系豪杰之心。以廉自奖，则抑将以廉绳人，而功名之士，乃掉臂而去之矣。故曰：廉介之操，以语执事自待之志可也。大臣之道，盖不止此，而抑非可以泛责之人人者也。"国藩深纳其言，

---

① 瞻，原误作"赡"。

顾招之以书曰："吾不愿闻弟谈宿腐之义理,不愿听弟论肤泛之军政,但愿朝抱容晖,暮亲臭味,吾心自适,吾魂自安。筠仙深藏梓木洞,亦当强之一行。天下纷纷,鸟乱于上,鱼乱于下,而筠独得容其晏然乎?"蓉赴召,而嵩焘继之。二人者与国藩约:"服劳不辞,惟不乐仕宦,不专任事,不求保举。"国藩诺,而诏管理银钱所主计曰:"郭、刘二君,吾兄弟交,不与众同。薪水惟所支用,不限数也。"然二人从国藩数年,不支一钱,国藩意颇不安。一日,欲登蓉荐牍,曰:"此亦古人之常。"蓉曰:"萧、朱、王、贡以转相汲引为贤,盖汉人踵战国余习,非君子相交以道也。士各有志,何以强为?"国藩乃止。国藩每谈经,好举汉学家言。蓉应曰:"汉人诂经,各有专门,守师说,虽所得有浅深,不尽当于古人精微之旨,要不失慎重传信、笃学好古之意。近世所谓汉学家,何谓者耶? 异论歧出,其说千变。以为宋儒去今仅数百年,汉则数千年,于时较古;又宋儒者,功令所崇,众人之所同趣也,吾亦从而同之,不足为异。则创一解焉,引汉人笺注,曲为证附,以成吾说。既可援汉儒以自尊,又可贬宋儒以立名,而吾之学,遂以超宋轶唐,独承汉以来二千年之绪。及叩以六经之大义微言与宋儒所以不合于道者,茫然莫知所谓。然则彼以汉学自鸣,非师古也,师心而已矣。其所为终身由之而不厌者,非好学也,好异而已矣。朱子于诸经讽诵反复盖数十年,精思熟读,以求古人广大精微之蕴,汇众说而折其衷,推其用力之勤,知其所深造而自有得者,未可几及。特朱子于古今时务政治之宜,靡所不讲,而后之学朱子者,但守心性理气之辨,《太极》、《西铭》之说,闭门独坐,泥塑木雕。一涉仕途,便无措手,所值皆无可奈何之事,所应皆未之前闻之务。此智略之士,睨视窃笑,以道学为废物也。至其行己立身,去就取舍,严义利之辨,兢兢不敢少过,则犹庶几君子。道虽未宏,学与行尚出于一也。至为汉学者乃歧而二之,'学则吾学也,行则吾不知也'。世亦遂无以行义责之者,以谓彼特为名物度数之学以资考证而已,不当以道义相苟。泯泯棻棻,学术坏而人心风俗随之。"国藩亦无以难也。及咸丰十年,左宗棠以佐骆秉章而刬其政,为总督官文所劾,远引而荐蓉自代,以起之于家。明年,秉章移督四川,携蓉而往,平巨寇蓝李二姓,散其徒众,遂授四川布政使。会太平军翼王石达开以其众经滇入川,而前扼大渡河,后阻苗山,陷绝地,饥无所掠食,于是蓉以兵往,抚其众而絷达开以归。问起兵状,达开历陈金田发难之后,战胜攻取,一一如绘,而猛鸷之气不衰。自言:"南面称王十余年,屠戮官民千万计,今天亡我,何惜一死!"临刑怡然,蓉颇壮之。而左宗棠贻书,欲以"葛亮"一号貤赠。蓉戏对:"诸葛食少事繁,鞠躬尽瘁,所不欲承,谨以奉璧。"寻以关中汉回交哄,而捻乘之,移蓉陕西巡抚,而为御史蔡寿祺劾罢。将去官,闻左宗棠奉诏以陕甘总督督师剿贼,而移书告以谓:"关陇用兵不可不早计者有六:一、剿贼不难,所难者筹饷筹粮。筹饷筹粮尚易,尤难者运粮。非宽筹粮饷,运有办法,切勿进兵。一、军糈无资,当缓新疆西征之师,先肃清陇境。辟地屯田,储糗粮,练马队,然后振旅出关。一、办甘贼,当以陕为根本。资粮转输,皆须借力于陕,非得同心膂、共忧乐之人为陕抚,持心定志,不足与济艰屯。一、捻贼入陕,号四五万,然能战者不过六七千人。每战,辄以马队万骑四面包裹,懦卒怯将,慑而望风靡。其实但能严阵坚持,屹立不动,则亦不敢进逼吾阵。俟其锐气之惰,奋起突击,必无不胜。一、办甘回,当先清陇东,次捣河狄。两地既定,其余可传檄而定。专事剿,则力固不逮;不痛剿而议抚,则叛服无常,亦何能济。一、关陇将才吏才无可用者,然地瘠势艰,虽杰然者视为畏途,须广罗艰贞坚苦、仗义相从之侣,以资襄助。此六者其大端也。以公智虑渊涵,固可即此以得大凡矣。"其后宗棠平陕捻,平甘回以定新疆,一切经略,大率如蓉言。蓉既放归,营逮初园,杜门讲学者十年。其论学一以宋儒程、朱为归,力排汉学之穿凿,亦不取陆、王之禅悟,而于学者之不能反躬,徒以矜私知而炫多闻,尤不惮深贬而痛绝之。乃至讼其乡人以湘乡之功名日盛,而湘乡之风俗日敝,语重而心长以慨乎有言曰:"吾邑风尚素号愿朴,农民勤稼穑,士子励廉隅。故军兴以来,文职武弁,崛起草泽,以能为国宣力。而迁流日久，侥幸之心生。以利禄为易得，而争事繁华；变朴厚之旧风，而群趋嚣竞。乡村每有争讼，不问理而较势，及其呈控到县，亦复以是为衡。由是有势者恃以横行，而无力者亦借资于有力之绅衿，以张其焰而求一胜。此民风所以浇漓，人心所以窳坏也。二十余年来，东南遭祸，举凡衣冠文物，竟逐纷华之国，无不残破。故家世族之所留遗，巨贾豪商之所积累，莫不荡为灰烬，化为飞烟。子女仳离，乞食道路。独湖南晏然无恙，吾乡人因此跻致名位，广积金钱。旧时井凿耕田之子，椎牛屠狗之夫，皆高牙大纛、美衣华屋以自豪于乡里。果有何功德在人，宜食此报以长保富贵而无后灾哉？智者见祸于未萌。凡无功而享厚报，无德而致大位，皆智者之所视为不祥而深自警惕者也。矧各省皆罹于难，吾乡独蒙其休。天道忌盈，物极必反，如不惕厉修省，懔持盈保泰之思，正恐暑往寒来，福过灾生。前日之膺祉蒙休，冠于他郡；后日之遭殃罹祸，亦且烈于他邦。此古今盈虚消息之常理，非同释氏因果报应之谈。每举以语朋辈，款语谆谆，听若虽颇面从，退则或相迁笑。人心陷溺，如何如何！"观其持论不徇风气，知制行不为诡随矣。论文不持宗派之说，而为文章条达疏畅，如己意之所欲出，其原盖出于苏轼云。传有《养晦堂诗文集》十二卷。

　　郭嵩焘，字伯琛，筠仙其号也。湘阴人。年十八，补县学生。游岳麓书院，识刘蓉。而曾国藩自京师归，道长沙，与蓉旧好也，介相见，欣然联欢，为昆弟交，以问学相切劘。国藩称引汉学，蓉褒大宋儒，而嵩焘则言："宋儒发明圣学至精密，独有一事与圣道大反。圣人之立教，曰'慎言'，曰'其言也切'，曰'古者言之不出'，无相奖以言者。尧舜禹之授受，曰：'惟精惟一，允执厥中。'内自愫于一心，而不敢及于天下之得失，而即继之曰：'无稽之言勿听。'是自圣贤之治天下，与其所以自治者，无不以言为大戒。宋儒顾不然，凡有言者皆善也，乃至劢欧阳公，劢富郑公、文潞公，皆谓之直臣矣。凡事皆可言也,乃至采宫禁之传闻,陈鄙夫之猥陋,皆自负为善谏矣。其间贤愚错出,人才勿论也。自汉唐迄今,政教人心交相为胜,吾总其要曰名利。西汉务利,东汉务名;唐人务利,宋人务名;元人务利,明人务名。二者不偏废也,要各有其专胜。好名胜者气必强,其流也揽权怙党,而终归于无忌惮。好利胜者量必容,其流也倚势营私,而终归于不知耻。故明人以气胜,得志则生杀予夺,泰然任之,无敢议其非。本朝以度胜,得志则利弊贤否,泛然听之,无敢任其责。一代之朝局成而天心亦定。终明之世,居位者大率负强使气魁人也。本朝则贤者优容,不肖诡随。稍能持正议,核名实,振肃纪纲,考揽人才,辄曰'无度量'。吾不知所谓度量者,将奚以为也!司马德操谓:'识时务者为俊杰。'吾则以不为风气所染为俊杰。虽讲学治经亦然。宋明之语录,本朝之汉学,皆风气之为也。君子未尝不为之,而固非道之所存矣。自非深识特立之君子,介然无与于风气之会,乌足与论时务哉!"其意渊然,以天下为量。尤自厉勤苦,以谓:"古无有以'士'名者。自公卿大夫之子,下及庶人,皆入学。其能为士者,与其耕者工者,各以所能自养。其有禄于朝,则有上士、中士、下士之等,其次则任为府史。制行尤高,其志尤隐。舜、伊尹之耕,傅说之工,吕尚之屠且渔,胶鬲、管夷吾、孙叔敖之贾,皆任为士者也。至汉犹然。路温舒、卜式、王尊牧羊,公孙弘、承宫牧豕,兒宽为都养,朱买臣刈薪,匡衡佣作,梁鸿任春,韩康卖药,徐穉耕稼,申屠蟠为漆工,或历仕公卿,或怀道守节,隐见不同,而皆不辞贱役,所资以为养然也。唐世尚文,人争以文自异而士重;宋儒讲性理之学,托名愈高而士愈重。人亦相与异视之,为之名曰'重士'。不知所谓士,正《周官》所谓闲民也。士愈多,人才愈乏,风俗愈偷。故夫士者,国之蠹也。然且不能自养,而资人以养,于国家奚赖焉?然自士之名立,遂有峨冠博带,从容雅步,终其身为士者,而士之实乃终隐矣。"举道光二十七年丁未进士,授翰林院庶吉士。回籍,会洪秀全以其徒徇湖南。曾国藩以侍郎居忧,奉诏办团练,欲不出。嵩焘驰谒,苦口陈说。国藩乃为起,而苦费绌。嵩焘则为建厘捐之议,规盐厘之法。国藩有所资以募勇制器,而湖南亦恃以保境安民,支柱东南,皆嵩焘有以发之也。既而帅勇援江西,俘太平军卒,讯知战罢则登舟,因言:"贼掠舟东下,纵横驰突,独占长江,而我无一舟与争利,非治水师,何以应敌?"而长江水师之议自此起。国藩亦以造船自任,移驻衡州,亦嵩焘有以发之也。江西围解,论功擢编修,入直南书房。而左宗棠在巡抚骆秉章幕,为总督官文所劾,诏下逮讯。嵩焘以谓:"宗棠去,湖南无人支持,东南大局不可问矣。"为尚书潘祖荫言之。祖荫遂据入告,直言:"天下不可一日无湖南,湖南不可一日无左宗棠。"诏问曾国藩意如何,遂授宗棠四品京堂,襄办军务,于是宗棠事解而柄兵大用矣,则嵩焘之为斡旋也。同治元年,特授嵩焘苏松粮储道,再擢署广东巡抚。而宗棠以闽浙总督为钦差大臣督师入广东,连四摺纠参,褫嵩焘职而以畀其属蒋益澧,曰:"此以人事君之义也。"嵩焘叹曰:"季高至交三十年,吾一生为之尽力,而相煎何太迫若此!"因论:"世俗语大人先生,动曰'有来历',佛家所谓'前生因果'也。少年征逐,见朋辈中天分绝高而终无所成,是谓有来历而无积累。积累者,积功累行,冥冥中所以厚植其基,根本盛大而后发生始繁。然其建功立名,如曾涤生、左季高之成就,又自有因缘。若或使之,若或助之,随所至而机缘巧合,争相拥护,见面者景从,闻声者响附,三者合而后功成名立。自问此生谓'无来历无积累'不可。而相煎迫出于至交,堕我成功,岂所谓'无因缘'者耶?"其致怨于宗棠,深矣。宗棠在官颇循名课实而为治尚严。嵩焘则言:"曩读船山书辟申韩之说,极论诸葛公不当用此为治。窃疑诸葛公生扰攘之世,值群雄并起,仓猝以就功名,所自命者管乐,而其量固远矣,岂能以三代王政期之?其后从政粤东,稍以知轻重缓急,见诸言事者毛举多端,为综覈名实之说,而后慨然太息,思船山之言。盖亲见万历以后,头会箕敛,用操切之术以求挽虚诬锢蔽之习。繁刑峻法,愈益不当其罪,坐使人心解散,国计消靡,以迄于乱。是以言之痛切如此。处末世,纪纲法度废弛久矣,人心变幻,不可穷诘。于此当益穷求吏治,培养国脉。静以俟之,宽以容之,安民保国,不至困乱无告,则犹可庶几也。昔官京朝,推求国家所以致弊之由,在其例文相涂饰,而事皆内溃,非宽之失,颠顶之失也。宽者宣圣之明训,国家积累之至仁,乌可轻议哉!今一切以为宽,而以严治之,徒使武夫悍卒乘势罔利以相陵藉。向者之宽,与今日之严,其为颠顶一也。颠顶而宽,犹足养和平以维人心;颠顶而出之以严,而弊不可胜言矣。"宗棠在边,亦整军经武以对外主战,嵩焘则言:"西洋负强争胜,怀乐战之心,而用兵具有节度。其发谋常在数年数十年之前,而后乘衅以求逞,犹不遽言兵也。挟其所争之势,曲折比附以为名,常使其气足以自伸以求必得所欲。是以先事有预定之略,临变有必审之,几以彼之强,每一用兵,迟回审顾,久而后发。其阴谋广虑,括囊四海,而造端必以通商。迎其机而利导之,祸有所止,而所发明之奇巧,转以为我利用厚生。国家办夷务二十余年,受其陵藉,其原坐不知事理。天下籍籍,相为气愤,皆出南宋后议论。孙武之言战也,曰'知己知彼'。所谓'知彼'者,知其国势之强弱,知其人才之能否,知其势之所及与其计划之所从出,而后可以总揽全局以决胜负之机。韩信攻赵,知广武君之计用与不用;魏武知袁绍之不能袭许,又知刘表之不能袭邺,则可谓能知其深矣。知敌之深,乃益有余地以自处。西洋之患亟矣,中外诸公,懵焉莫测其所由,先无以自处。主战愈力,自处愈穷。一将之能而晏然自以为安,一战之胜而嘎然据以为喜。以当小敌不足,况若西洋之气方盛而势方强者乎?彼固无求倾中国之心,何为激之使狂逞也!"于时,直隶总督李鸿章,则不言战而通商劝工,练兵购械,讲制造,力图富强。嵩焘则言:"富强者,秦汉以来治平之盛轨,常数百年一见,其源由政教修明,风俗纯厚,百姓家给人足,乐于趋公以成国家磐石之基,而后富强可言也。施行本末,具有次第,然不待取法西洋,而端本足民,则西洋与中国同也。国于天地,必有与立,亦岂有百姓困穷,而国家自求富强者?今视富强为国家之计,于百姓无与;不知西洋之富,专在民,不在国也。数百年来,顺通海道,尽诸岛国之利括取之,其奉固已厚矣。而治矿务日益精，五金出产之利，制备器具日益丰。又创为电报，数万里消息灵通。轮船、火车，驰行数万里以利转运。然必囊括四海，觏天下之利以为利，故能富也。中外情势之异，由来久远，以成风俗，未易强同。而其间有必应引其端而资其利，可以便民，可以备乱，可以通远近之气，而又行之甚易，历久而必无弊，则电报、轮船、火车是也。虽然，为是者有本有末。本者何？政教、人心、风俗是也。末者何？通工商之业，立富强之基，凡皆以为利也。利之所在，而政教修、人心厚、风俗醇者，国家与民共之。而又相与忘之，斯所以为大公而以美利利天下也。不然，争民施夺，上下交征利，民与民争则扰，上与民相匿则溃。扰者，势有不能行；溃者，情有所不能交达也。无其本而言富强，只益其侵耗而已矣。夫以西法为名，一切务为泰侈。士民失业者，亦皆引领以望，环集以求薪食，为利多少不能计，而所耗不赀，久且不支。人人言利，而卒之无利可图，以成败局。何者？无其本也。机器者，末之末也，凡用机器，必西人为之，中人多不能尽其法。此时宜广开西学馆，有人服习其业，知其所以为利，庶几人心所趋，自求之而自通。所用机器，亦须因地制宜。何地何器，层累以求。贸焉而以机器往，愚者惊扰；即有知者，亦莫辨其所以为用。即此末中之一事，亦自有本末存焉。而百姓之为利，与所以求利国家，又自有本末次第。盖西洋富强之业，资于民人，其民人趋事兴功，而国家用其全力护持之，岁计所需以为取民之制。大兵大役，皆百姓任之，而取裁于议院。其国家与其民人交相维系，并心一力，以利为程。所以为富强者，人民乐利劝业，厚积其势以拱卫国家，行之固有本矣。未闻处衰敝之俗，行操切之政，而可以致富强者。日本在英国学工技者二百余人，其户部尚书恩娄叶欧举至奉使讲求经制出入，欲仿更制，而学兵法者甚少。盖兵者末也，各种创制，皆立国之本也。"自谓考古证今而知其通，由汉唐推之三代经国怀远之略，与今日所以异同，而有以见损益之宜。光绪元年，起为福建按察使，寻命以侍郎候补，在总理各国事务衙门行走。遂建议讲求邦交，遣使各国，以谓："西洋立国，本末兼资。其君臣上下，同心一力以求所以自立。正宜推究其情势，洞知其利病，遇有交涉事，即可略得其梗概而资以因应。"诏以充出使英法大臣，补兵部左侍郎。中国之驻使外国自此始。命下之日，湖南人之官京朝者，以为大辱，正言切论而劝之辞。嵩焘曰："苟利于国，不敢避就。身之不恤，何有于名？主忧臣辱，在此行也。"道员刘锡鸿求随使，嵩焘以其矜愎而不达事理，不之许也。锡鸿固以请，遂荐为贰，而相畔异，患生肘腋，劾以十款，末言："由候简运使而授闽臬，由闽臬擢兵部侍郎，朝廷何负于郭嵩焘而日夜怨望？"嵩焘读之惶骇曰："此真恶交矣，尚何言哉！君子之行道也，必有以振厉天下之人心而使之服，柔和生人之气使之驯，而后不疑于所行，而吾不能。自宋以来，尽人能文章，善议论，无论为君子，为小人，与其有知无知，皆能用其一隅之见，校论短长，攻剖是非，不能辨也。辨之愈力，攻者愈横，是以君子闻恶声至，则避。避之者，所以静生人之气而存养此心之太和也。比匪之伤，吾道固穷，亦功业无因缘之明效大验矣。"径归卧家而不敢入朝也。因太息为人言："数十年出处进退以及辞受取予，一皆准之以义。服官之始，即自誓不以不义之财贻子孙。及巡抚粤东，出使西洋，人之所视为利薮也，照例开支，分毫不溢。在官之日，视国家公款重于私款，私款或供友人称贷，公款无迁就也。以是准之今人，多与鄙衷违反，或至用相诟病，辄为怃然。少时读《张子全书》曰：'士君子处治朝，则德日进；处乱朝，则德日退。'怃然有感于其言。程子谓：'朋友相处，尤莫如相观而善之意多。'亦是此意。及莅仕以后，而所见有进。世之衰也，大抵营私利，负意气。惟意见之争，而于事理之当否？流弊之终极，竟一无考览。遇事有涉，陈说纷纭，每觉语言多而情事迂回。庄生有言：'此亦一是非，彼亦一是非。'其实匿情以自图私便。阅历多而体验深，则常愀然怀薄视之心。已而乃大悟曰：'张子所谓德日退者，其在斯乎！'夫不反躬而怀薄视人之心，则德之退有不胜穷也。夫任事在我，而展转有未达，由学识有未充也！"自海外归而里居者十三年，主讲城南书院；

兼辟思贤讲舍,祀王夫之,与学者讲肄其中。尤善言《礼》。早年与曾国藩商量旧学,国藩尝谓:"先王修己治人,经纬万端,惟在于《礼》。"而未有成书。嵩焘则学《礼》而深造自有得。以谓:"《礼》者,征实之书,天下万世人事之所从出,得其意而万事理。"于是研炼岁月,成《礼记质疑》四十九卷,折衷群经,以见诸行事,其素所蓄积然也。及其发为文章,理足辞简,特寓拗折劲悍之意于条达疏畅之中,坦迤之中,自有波峭,不同曾国藩之瑰伟,亦异刘蓉之畅发。曾国藩追韩愈之雄茂而语不检;刘蓉学苏轼之疏快而味无余。嵩焘则得王安石之峭劲而锋欲敛,畅而不流,拗以出遒。碑传之作,以简驭繁,以叙抒议,语无枝叶,义必明当,出入欧、土,允裨史裁。传有《养知书屋诗文集》四十三卷、《奏疏》十二卷。

六、王闿运　阎镇珩

胡林翼、曾国藩、左宗棠、刘蓉、郭嵩焘，一代名臣，声施四海；王闿运、阎镇珩，老儒暗修，独抱遗经。遭际不同，出处攸异。然学不仅占毕，志在于匡俗；通经欲以致用，文章蕲于经国，则固不同而同。

王闿运，名满天下，谤满天下。目论者徒见其行己之通脱，与人之亡町畦，而莫知其振于孤童，鲁而愤悱，为学之不厌，诲人之不倦。其学，人所知，不具著，而著其夙夜强学以待问，启迪后生如不及，恢张学风，不知老之将至。此则吾意中所欲言之王闿运，而不惮缕叙旁搜以见景行之意。

王闿运，字壬秋，又字壬父。壬父二字，刻篆文小印，颠倒之如文王二字，隐自喻于素王之改制也。相传生时，父梦神榜于门曰："天开文运。"因以闿运为名。而性实鲁，幼读书，日诵不及百言，又不能尽解，同塾皆嗤之。师曰："学而嗤于人，是可羞也。嗤于人而不奋，毋宁已。"闿运闻而泣，退而刻励。昕所习者，不成诵不食；夕所诵者，不得解不寝。年十五，始明训故。十九补诸生，与武冈邓辅纶、邓绎、长沙李寿蓉、攸县龙汝霖结兰陵词社。摈弃世所谓诗古文，而诗取潘、陆、谢、鲍，文则推源汉魏，号"湘中五子"。二十四而言《礼》，作《仪礼讲》十二篇。二十八达《春秋》。其治学初由《礼》始，考三代之制度，详品物之体用，然后通《春秋》微言。张公羊，申何休，今文家言于是大盛也。于时，学者承乾嘉以来训诂名物之学，习注疏，为文章法郑玄、孔颖达，有解释，无纪述，重考证，略论辨，掇拾丛残，而不知修辞为何事，读者竟十行，欲隐几卧。而闿运不谓是，因慨然曰："文者，圣之所托,礼之所寄,史赖之以信后世,人赖之以为语言。辞不修,则意不达;意不达,则艺文废。俗且反乎混沌,况乎孳乳所积,皆仰观俯察之所得,字曰'文',言其若在天之星象,在地之鸟兽蹄迹,必其灿著者也。今若此,则文之道,或几乎息矣。然辞不追古,则意必循今;率意以言,违经益远。是以文饰者胥尚虚浮,驰骋者奋其私知。故知文随德异,宁独政与声通!欲验流风,尤资总集。"为辑《八代文粹》,广甄往籍,归之淳雅。并为述其本由,使必应于经义。自以起孤童,未冠即与缙绅长者接,恐不礼焉,则高自标置,放言高论。而成名之后,弥以无让,貌似萧散,意实矜持。以二十二岁中咸丰三年癸丑举人,应礼部试入都,尚书肃顺方柄政,延为上客。一日,为草封事,文宗叹赏,问属草者谁,肃顺对曰:"湖南举人王闿运。"问:"何不令仕?"曰:"此人非衣貂不肯仕。"曰:"可以赏貂。"故事,翰林得衣貂,而闿运嫌以幸门进,不出也。既,文宗崩,孝钦皇后骤用事,以谋逆诛肃顺,钩党株连,而闿运先以事赴山东。得肃顺书,驰入京,闻其诛,临河而止。寄南昌高心夔伯足诗曰:"当时意气备无伦,顾我曾为丞相宾。俄罗酒味犹在口,几回梦哭春华新。"心夔,亦肃顺客也,盖不胜华屋山丘之感。后数十年,闿运老矣,而主讲船山书院时,一夜,为客诵此诗,说肃顺事,曰:"人诋逆臣,我自府主!"泪涔涔下。其岁,走京师,托言计偕,而实未与试,阴以卖文所获数千金,致肃顺之家而恤其妻子云。闿运诙诡多智数,独于朋友死生之际,风义不苟如此。肃顺既败,乃跾跄归,伏匿久不出。及曾国藩起督师而入其幕,告国藩曰:"公之文,从韩愈以追西汉,逆而难,若自诸葛忠武、魏武帝以入东汉,则顺而易。"而国藩不之省也。国藩好荐士,其尤者至起家为巡抚、布政使。士争相效,闿运独为客,文章雍容,不受事,往来军中,或旬月数日即归。其后国藩益贵重,其客皆称弟子,而闿运为客如故。尝至江宁谒国藩,国藩未报而招之饮,闿运笑曰:"相国以为我饣甫啜来乎?"即束装行。国藩追谢之,不及也。及撰《湘军志》,叙国藩之起湘军及戡定太平军本末,虽扬诩功绩,而言外意见婉而章,尽而不汙,焯有史法。曾国荃者,国藩之弟也,自负血战下江宁以佐其兄,劳苦功高,读之而忿,致诘曰:"皆君故人,何故刻画之?"毁其板。闿运笑语人曰:"吾于《湘军志》著'李秀成者,寇所倚渠首。初议生致阙,及后见俘寇皆跪拜秀成,虑生变,辄斩之,群言益哗。曾指目曾国荃,国荃自悲艰苦负时谤'云云。吾为曾沅甫发愤而道,沅甫乃以为恨而切齿于我。不知文之人,不可与言文。以此叹令尹子兰之不可及也。"然其书实无大讥弹,自曾国荃以谤书为诋,而向声背实、不悦曾氏者,乃真以太史公目之矣。呜呼!动而得谤,名亦随之,世情自古如斯,所以闿运不怒而笑也。既以肃党摈,不用于时,大治群经,以开教授。四川总督丁宝桢礼致之,以为成都尊经书院院长。至之日,则进诸生而告之曰:"治经之法,于《易》,必先知'易'字含数义,不当虚衍卦。于《书》,必先断句读。于《诗》,必先知男女赠答之词,不足颁于学官,传后世。一洗三陋,乃可言《礼》。《礼》明,然后治《春秋》。"又曰:"说经以识字为贵,而非识《说文解字》之为贵。"又曰:"文不取裁于古则亡法,文而毕摹乎古则亡意。然欲取裁于古,当先渐渍乎古。先作论事理短篇,务使成章。取古人成作,处处临摹,如仿书然,一字一句,必求其似。如此者,家信账记,皆可摹古。然后稍记事:先取今事与古事类者,比而作之;再取今事与古事远者,比而附之;终取今事为古所无者,改而文之。如是者,非十余年不成也。"人病欲速,遂教诸生以读十三经、二十四史及《文选》。汉儒人专一经,诸生亦各治一书,毋贪多,毋不经意。日有记,月有课,而闿运精勤校阅,奖顺其美,而匡正其不及。暇则习《礼》,若《乡饮》、《投壶》之类,三年皆彬彬矣。厥后廖平治《公羊》、《穀梁》、《春秋》,戴光治《书》,胡从简治《礼》,刘子雄、岳森通诸经,皆有师法,能不为阮元《经解》所囿,号曰"蜀学",则闿运之以也。既归,主长沙校经书院,移衡州船山书院。而在船山之日久,大吏造拜,或偃蹇不见;而引接后生,则温霭逾恒,曰:"位高而齿尊者,菁华已竭,不如后生可畏也。"循循善诱。有献诗者,即陋劣不中律,未尝不为改窜。其弟子县人杨钧请曰:"此不成语,何必枉抛心力?"

应曰："人有好学之心，即有诱之之责。若因其陋而薄之绝之，心沮气堕，不但无望于进，即此恶诗，亦不为矣。"县人张正阳者，本锻工也，耽吟咏而为人慵。一夕，睹白桃花盛开，而月色绮映，忽得句曰："天上清高月，知无好色心。夭桃今献媚，流盼情何深！"姜畬陈鼎见之，大惊曰："子诗何似孟郊？然非王先生，不能成子名。"会大雪，戴笠著屐，单衣磬踔，造门投卷。阍者见其面垢衣敝，拒不为通，则大呼曰："我以诗谒王先生，乃却我耶？"阍者不得已，为进。方设筵宴邑令，邑缙绅先生咸在，闿运即席开卷读，顾曰："邑中有此诗人耶！"延之上座，座客愕然。正阳泥淖满身，而貂狐裘丽，嫌为所污，莫敢与酬对。闿运则殷勤问讯，遂使受学而补诸生，通《三礼》、《春秋》、《尚书》、《诗经》，讲评孜孜，撰有《诗经比兴表》、《礼经丧服表》，闿运叹为前人所未发也。然宏奖之中，不废规诫。龙阳易顺鼎者，幼而英秀，闿运呼之"仙童"者也。既而以道员自伤佗傺，署号"哭庵"。闿运则规以书曰："仆有一语奉劝，必不可称哭庵。上事君相，下对吏民，行住坐卧，何以为名？臣子披昌，不当至此。若遂隐而死，朝夕哭可矣。且事非一哭可了，况又不哭而冒充哭乎？闿运言不见重，亦自恨无整齐风纪之权，坐睹当代贤豪，流于西晋，五胡之祸，将在目前。因君一发之。"其峻厉如此。其弟子杨钧请业，曰："如何？"答曰："成名有余。"钧大惧曰："所谓'成名有余'者，殆谓自立不足也，敢不勉夫！"闿运言："诗有家数，有时代，文无家数，有时代。余学晋宋诗，骎骎入古。至于文，力追班马，极其功力，仅得似《明史》，心甚耻之。及作《湘军志》，乃超时代矣。以数十年苦心孤诣，仅仅得免为明文。若学八家，数月可似。学话易，自运难。故不甚劝人学文，恐误人抛心力也。不如学诗，离去时代，专讲家数。成家，即上跻其代矣。"而钧则言："吾师门人，文字通顺者不多，皆谓唐宋之文不屑意，而以《史记》、《汉书》为学。故虚字多反用，造语尤晦塞，反不若时手之驾轻就熟，无词不达也。古诗不求明畅，以拙为宗，稍可掩不通之迹，故师门多诗人。"其为文章，长于抒情叙事，从容讽议，中含诙诡，以优游出顿挫，而不以驰骋为曲折。尝教人以学范晔《后汉书》及魏武帝文。钧则言："魏武帝文无长篇，而亦不多，如何学？余初闻而疑之，久乃知其短篇无不具长篇气势，不骈不散，有子长之遗风也。"闿运为钧言："作人墓志，须叙其生平不得意事，以别于传记。"乃授以所为《刚直彭公墓志》，寥寥短幅，中曰："然其遭际，世所难堪。"果叙其不得意事也。于是文思大进，深悟化繁为简、举重若轻之法。门弟子辑其诗文笺启为《湘绮楼集》，凡若干卷。而钧则言："湘绮之文，墓志第一。数千年来，传志不分，变为一体。而湘绮崛起，体格判然，峭妙轻灵，难于踪迹。"闿运为钧言："汪容甫云：'读书十年，可以不通。''不通'二字，俗人多不能解，非读书有得，又肯虚心者，不肯出此言也。然而难言之矣。汉学始有不通境界；宋学以意断，遂无不可通矣。此境甚高，读经可得。而治文史者则无所谓'不通'。吾未信汪容甫之真能不通也。"宣统元年，巡抚岑春萱①以闿运老儒，上所著书，赐翰林院检讨。及革命成功，而袁世凯为临时大总统，以年家子手书聘问，则复曰："今之弊政在议院，而根由起于学堂。盖椎埋暴戾，不害治安；华士辩言，乃移风俗。其宗旨不过弋名求利，其流极乃至无忌惮。此迂生所以甘跧伏而闭距也。"既而世凯强起为国史馆馆长，以民国三年抵北京。人问："咸同中兴，先生及见其人物。今之人才，何如曩日？收拾时局，有其人乎？"闿运沉吟有顷，笑曰："以今视昔，才智殆有过焉。惟昔人做事认真，而今人做事不认真，收拾时局，殆未之信。"寻以龃龉归。而其殁也，以联自挽曰："《春秋表》仅成，赖有佳儿习《诗》、《礼》；纵横计不就，空留高咏满江山。"盖不为诗人自居也。其弟子杨度，颇传授心法而得其纵横之术，方以佐袁世凯谋称帝而负世谤，乃挽之曰："旷代圣人才，能以逍遥通世法；平生帝王学，只今颠沛愧师承。"亦以政治家推之。然而同治之末，龙阳易佩绅者，易顺鼎之父也，以郭嵩焘之介而谒闿运，谈学论政极欢。嵩焘则以书诫之曰："君子之学，必远乎流

---

① 萱，当作"煊"。下文径改。

俗，而必不可远道。壬秋力求绝俗而无一不与道忤，往往有甘同流俗之见以畔道者。但论文章，友之可也，师之可也。至于辨人才之优绌，语事理之是非，其言一人，如饮狂药，将使东西迷方，玄黄易色，颠沛蹉失而不可追悔，独奈何反用其言以自求迷乱哉？”则固盛以文章推之矣。

　　阎镇珩，字季蓉，石门人。喜读书，而生长穷谷，书不可得，从友人假得《文选》并注读之，数月皆能记。既而闻邻翁有《史记》，请借不许，请就其家读之，又不许。而翁所居少薪，镇珩家有山场，请日馈肩薪，乃许之。正珩朝食毕，则荷薪携笔札往读之。且读且写，数月成诵矣。及补县学生，以制举八比之文教授乡里，而推之通经学古。方当王闿运誉满东南，文采炤映之日，而暗然潜修，不骛声气。学本程、朱，文为欧、曾。因文欲以见道，经世必以明《礼》。途辙所自，推本曾国藩。而文章浩落，不事涂饰，同国藩之宽博，异国藩之茁轧。然亦不为桐城末流之虚声摇曳，直抒欲言，意尽则言止，其意确然，其辞沛然。一时耆旧杨彝珍、郭嵩焘之伦，折辈行与交。而彝珍尤以古文自负，则以女继其室。然古文不为步趋以自名家。彝珍刻炼而笔弩，不免雕饰；镇珩则坦夷而气浩，自然方雅。是时汉学大盛，风流湘楚，人人骛通博以为名高，而耻言程、朱。至于文章，则穷诡极妍，宗尚齐梁。镇珩每诰于门人曰：“学无古今，适于用之谓贤。章句烦碎之学，有用乎？无用乎？百余年来，人人嗜奇炫博，以倡汉学，自谓度元明而轶宋唐。然彼遭时无事，幸而窃据上位，如纪昀、阮元之徒，果何补于国家乎？自君子论之，貌荣闻而苟富贵，虽谓不有其人，可也。学以穷理为先，其次莫如通识古今之务，诗文抑其末尔。古之君子，学充积于心，其理得，其事该，未尝尽意以为辞，而辞莫善焉。今之学者，炫奇博，骛夸丽，哗世取宠利，而返之其中，无有也。孟子曰：‘我善养吾浩然之气。’韩子曰：‘本深而末茂。’二语者，非直为文言也，即文不外是矣。盖古之圣贤，未尝有意学为文，其中有所不得已，因事而书之于策，则道为之体，气为之用。道充，故气亦充焉。今之治文者，所得皆古人肤末，一字之奇崛，一言之奥雅，于文无关轻重，而斤斤然自许为谐古。其道，吾不知焉；其气，吾又不知焉。夫如是，其求孟、韩也愈似，其去孟、韩也愈远矣。且韩子诸碑铭，多仍汉魏雕刻之习，特文中一体尔，于道无与。古人极至之诣，不在是也。若其《原人》《原道》《原毁》《争臣论》《佛骨表》《上张仆射》《答孟尚书书》《送王秀才》《浮屠师文畅序》，其言宽平质直，无有艰苦拘涩之态，读之但觉真气充塞行间，与六经、《孟子》相出入；而其词与其意适，则自荀卿、贾谊、司马迁、刘向、扬雄以来，未有过之者焉。夫所贵乎文者，非独声音采色之极其工，使人不能有加也。其得于中者，有至有不至；其发于外焉，无不肖之以出。凡勉强而伪为之者，皆不肖夫其中者也。故眉山苏氏之论，以为'辞至于能达而文不可胜用'。虽孟、韩之文，要于能达而止。然其所以能达者何在？吾不可不熟思而慎取之也。文至唐季、五代，其气荼累而不能举。北宋诸子，矫而振之。其尤显者，庐陵之欧，临川之王，并南丰曾氏而为三焉。大抵浸润六经以出之，而曾氏最为无颣。夫文，非可以徒作也，六经言道之祖，诸子时或叛而去之。扬雄、王通，无其道而强饰经言，其貌得，其实丧，学者卒莫之贵焉。曾氏之学，湛深经术，于道粹然，故其发之文者，湛深而精纯，往复而多不尽之致，汪洋自恣，与道大适。其于孟、韩，将殊途而同归也。近世言文者，诋方苞而进胡天游。天游于文初无所得，其外虽张为怪险，而中实寒馁，气塞滞而不流，譬诸画鬼者欺人以所不见，工拙不足论也。方氏渐渍经术者深，不烦涂雕，自然雅洁，粹乎儒者之言。姬传修饰之功，诚自有得于古人，然举唐宋以来宽裕恢博之气象，一变而为促狭。读其文者，如游穷岩绝壑，目隘而心不舒。视方氏未知何如，要其去韩、欧远甚。近代文家，曾文正才力豪纵，恃其骏足，一往奔放，时或轶出法度之外，然未尝与道不相进。盖其辞伟以辩，而其气沛焉能达。古之立言者类如是，宁独孟、韩云尔哉！"曾国藩探源汉之扬、马以学韩愈，力造雄奇瑰伟之境，以矫桐城缓懦之失。而镇珩则取径宋之欧、曾以学韩愈，务为坦荡浩落以出，一洗湘乡苦轧之语；涵蓄宏深，发挥盛大。义宁陈三立治古文有名，而镇珩与言："近代作者，最难得优游宽博气象。"三立以为然，曰："愿与吾子共勉之矣。"镇珩推本其意以为骈文，亦不涂泽，不使事，放言落纸，气韵天成。湘乡张通典伯纯妇何氏能诗，为序其集有曰："银河晓别，良人万里。"善化瞿鸿机读之，激赏曰："真六朝人语也。"所作如《漂母祠碑》《吊春申君文》《吊吴越钱武肃王文》《吊罗昭谏文》《屈贾合集序》《游兰亭记》，浮藻既湔，古艳自生。与王闿运同时而不同格。同其散朗，异其弘润；标致不如，而意度过之。盖闿运取径徐陵以出入潘岳、陆衡，而镇珩则脱胎范晔以参随曹植、孔融也。自言："初学唐四杰及李义山，志在流丽而已，往往混入袁、吴一派。至作《吊钱武肃王文》，始专为魏晋人体。"诗亦肆意有作，务为优游宽博，盘硬而不入于生涩，疏宕而不落于浅俗，不为曾国藩之生梁排宕以学昌黎、山谷，亦不同王闿运之华藻丽密以追士衡、康乐，只是学杜而得其跌宕昭彰尔。性勤恪，一息不肯以自懈。而受人之托，必为尽心。瞿鸿机以光绪十九年督浙江学政，延校文。之杭州，舍馆甫定，鸿机示所取优贡卷，颇不慊镇珩意，即捉笔改首次二名陈生、王生卷，涂乙几尽。鸿机大服。学政署西有亭曰定香亭，故学政阮元建也。鸿机新葺而为之记，使人持示，且贻书谓："昔人诗云：'平生风义兼师友。'乞痛绳削，如改诸生之卷，惟恐其不多耳。"镇珩如旨。明日，鸿机诣谢曰："记劳点窜，惟以阮文达自比，殊愧其僭。"镇珩笑曰："文达非有丰功盛德可比迹古贤，徒以文采风流，煊耀一时而已。公以自比，吾犹为公羞之，奈何反疑其僭乎？"鸿机默然。顾性实乐易，见人一技之善，必广为延誉，如不容口。尝主澧州之渔浦书院，病目已久，而白昼篝灯，据案校诸生课文，劣者置案左，不列等，佳者右而给奖。一生狙伺肘后，见己卷之左也，掣而杂之未阅卷内，寻阅而又左之，再掣之，如是者三。于是搓眼起立大呼曰："此宁科场，吾校文亦有鬼神瞰督耶？"诸生传以为笑，而无不叹其校阅之矢慎矢勤为不可及。湖南学政以"博通古今，孤介绝俗"荐于朝，授官训导。部选缺，不赴。至宣统时，征为礼学馆顾问，亦不起也。独杜户摈人事，发愤著《六典通考》一书，以谓："文墨俗生，往往掎摭汉儒章句，穿凿立异，谓之经学。耳食者因而惊宠之。其实庸猥下材，无足置齿论。夫士当为国家设施耳，区区操简牍，注一经，安足贵乎？尝论古先哲王经世之法，莫善于《礼》；《礼》之体用灿备，莫具于《周官》之书。曾子固盛引《唐六典》以为得《周官》精意，而明太祖因时立政，革中书省，重六尚书之权，几欲复周人设官之旧，相沿至今，遂莫之废。盖六经，圣人经世之书，其言无一不与道俱者也。汉以后诸君，于道或合或离，然即其行事得失，可以推见当时之治乱，而二三坠典遗文，赖史家经载以存者，未尝不与经训相表里，孔子所谓百世可知也。往览秦氏《五礼通考》，伟其通博，亦颇疑其征引丛杂，骈拇枝指，旁见歧出，观者不无惝恍而失所守。且五礼者，于六典仅一端，而不足以赅其全，欲以汇集睹记，别次为书，读史有得，随事著录。积十三年，成《六典通考》，凡二百卷。自以谓于先王之大经大法，究悉原委，蕲于匡补杜、马二《通》及秦蕙田《五礼通考》之书，而于世道之治乱兴废有补焉。"昔曾国藩作《圣哲画像记》谓："先王之道，所以修己治人、经纬万汇者，曰礼而已。辨后世因革之要，而欲周览世之大法，必自杜氏《通典》始。马端临《通考》，杜氏伯仲之间，莫不以礼为兢兢。而秦尚书蕙田遂纂《五礼通考》，举天下古今幽明万事，而一经之以礼。"是则镇珩之学所由本也。于时，王闿运才高意广，欲自外于国藩以别开风气；而镇珩严气正性，则推本于国藩以模楷后生。闿运通而门户大，镇珩介而不免固。然不得镇珩之固，无以救闿运之通。闿运啸傲公卿，跌宕文史，以经术为润泽，以文章弋羔雁，声气广通，宕而不反；而镇珩遗外声利，君子暗然，笃实辉光，足以日新其德矣。独居深念，身当叔季，每太息于民生之况瘁，士风之已偷，学术之不纯，而发愤言之，以谓："君子之守身，不可以不正。而其为学也，必造己于广大。智足以周万物，仁足以利无穷，匹夫匹妇，有一不被其泽者，若己推而纳之沟中，宁日淡然而已哉！山林幽默之士，违天而自用，闭门而孤游，彼徒知用贫贱为已乐尔。抑知先忧后乐之君子，其身虽处穷约，而未尝不引天下国家为己任。劳苦变动，而其心益进于光明。盖坚忍之操，夙定于中，则事之卒然外至者，莫能以困我也。故曰：'贫贱忧戚，玉汝于成。'彼流俗之人勿察，顾以其身不自佚乐为君子訾笑焉，岂不谬哉？始罗忠节公为诸生，家窭甚，岁尝聚徒讲授，所言皆古今经世大略，无一语及世俗利禄之学，乡里闻而窃笑，公勿为变。其后军事起，倡率善旅，为国讨贼，功虽未究，而其学术之正，气烈之高，无待余论矣。独其皇皇不自佚乐之心，由布衣以陟台司，未尝一日或异。然非知公生平之深与学道而自有得者，见不逮此。予尝谓今日人心之弊，患在居贫而强效富，无资而好为侈靡。耳目声色之娱，恣欲自快，脱手千金如稊稗；至其昆弟族戚之寒馁者，视之漠然，不啻秦越人之相值焉。夫如是，虽举天下国家畀之，岂能知忧哉？私其乐于一身而已矣。"传有《北岳遗书》二十一卷。郭嵩焘读其文而善之，贻书推挹，以谓："议论沉实，有关世教。而力诋近世言汉学者，上及高邮王氏，要皆实有心得，非以门户争胜。想当施手时巨刃摩天扬矣。往时孙芝房著《刍论》，推原汉学流弊足以乱天下，曾文正颇以为过。愚尝原《刍论》立言之旨，非谓乱天下者汉学之为也，为其意气之凌厉，闻见之煊赫，尽宋元以来所守程朱之藩篱而务抉去之。但为规行矩步，屏不得与于学，积成贪戾暴慢之习，夷然不以为非。当乾嘉间创为此名，亦多聪明宏通辩博之士，十年间消磨既尽矣。而其习中于人心，相为波靡，无复廉耻礼义之存，则谓以其学乱天下，非过也。前时此风莫甚江浙，今又渐被湘中，人人排斥程朱为名高，心有惧焉。甚望得如阁下者相与匡正而维持之。读其书，想见其人，亦邈然深长以思也。"

七、邹代钧　罗正钧

王闿运、阎镇珩肥遁邱园，邹代钧、罗正钧浮沉仕宦，而孜矻所学，上说下教，锲而不舍，终身以之，则固辅世以长民，同归而殊途。乃知进退无恒，非离群也；君子进德修业，欲及时也。

邹代钧，字甄伯，将生，而从大父汉章梦毕秋帆沅相造，故又字沅帆也。新化人。祖汉勋，博学名湖南，尤习州城形势沿革，而代钧濡染家学，尝言："切于经世之用者，莫史家地理若也。"史家地理之学，始于吾无锡顾祖禹《读史方舆纪要》，其后武进李兆洛，朱印康熙、乾隆两朝《皇舆一统图》，而墨注古地名其上，起三代两汉魏晋南北朝唐宋元明，为二十图，曰《历代沿革图》，而后中国地域，古今沿革，了如指掌。魏源则私淑于李氏，而颇不慊顾氏之书，以谓："多言取而罕言守，言攻而不言防，乃抢攘策士之谈。"顾左宗棠不谓然，独称顾氏"熟于古今成败之迹、彼此之势"。而潜心玩究其书，手绘其图，以谓："康熙舆图，以测度定地而成。乾隆中，命何侍郎携带仪器，遍历各省而增订焉，是为乾隆内府舆图。欲知往古形势，当先据之以成图，然后辨今之某地，即先朝之某地，又溯而上之以至经史言地之始。以史印图，以图绳史，虽不必尽得实，而失实也亦寡矣。"然而未有成书。代钧则推本家学，而成宗棠之所未成，一以今地为依据，而沟通历代疆域、战争、漕运及江河迁徙等事，肆力探穷。年二十余，补县学生。发箧读祖所著书，负之走千里，谒左宗棠于酒泉军次，乞序而行之。宗棠以参军谋奏保，得官县丞。光绪十一年，贵池刘瑞芬以太常寺卿奉诏出使英吉利、俄罗斯两国，而代钧以两江总督曾国荃之介，得为随员。随员者,例二十人,而代钧得厕十九人之末。顾志节磊落,不以卑官自囿,长图大念,纵观欧亚全势,而陈议:"修铁路起东三省,亘蒙古以达新疆,与俄起中亚细亚以横贯西北利亚之铁路并行,而移民殖边,通商惠工,我不视之为瓯脱,俄自不敢启戎心。"又言:"高丽介日俄两大之间,势不能自保,而我又无力以相保,狡焉启疆,何国蔑有?不如联东西友邦,公保其国为永久中立,比如欧洲之瑞士、比利时、卢森堡焉。"说瑞芬据以入告,为属草。奏入,留中,十九人者目笑存之,而代钧心独忧之,叹曰:"吾谋适不用,异日必有噬脐之悔,何嗟及矣!"英人争哲孟雄为印属小国,总理衙门以咨瑞芬。瑞芬集随员议,相顾莫发一言。代钧独侃侃而陈,谓:"哲属西藏,非印度属也。"援古证今,退而具议以献。顾瑞芬素倚任记室文某,召而示之,方厉声曰:"书生泥古,而昧于时务,何知大计?我天朝泱泱大国,岂在此七十里之小部落哉?英之所欲,不如与之以为好焉。"参赞马格里者,英人也,顾折之曰:"邹君,舆地家也,其说凿凿有据,苟以译复英外部,何必不得当也?"方乃蓄缩,而瑞芬从之。英外部果无辞,照租借例定议。自是交涉无不咨谋,而意气稍稍发舒矣。暇则究心地学。一日闭户,潜推度里相差之所以而憬然有悟,谓:"以尺量地,尺有差,地亦随之而差。以地定尺,地有准,尺亦随之而准。以地定尺,是谓迈特,迈特者,法兰西之尺度名也。一迈特为四千万分地周子午圈之一,以吾华一尺与迈特比,为一万二千九百六十万分与四千万分之比,华之一尺,适等于百万分迈特之三十万又八千六百四十二。"遂以此率制中国舆地尺,而图绘乃有准绳。期满回国,叙劳报知县。时清廷方开馆续修《会典》,代钧上书五千言,言测绘地图,其要有三:一曰测天度,二曰测地面,三曰依率成图。立说周详,后来测绘者以为楷式。西士傅兰雅读之心折。而其论测天度,原本经术,镕冶欧法,尤发前人所未发,而阐扬家学。先是魏源之著《书古微》也,乃祖汉勋尝为绘《唐虞天象总图》,次璇玑内外之图,次玉衡三建,皆建北方定子位,分平旦、夜半、初昏及中星、用事分绘各图,而言:"善言地者必合于天。

地之合于天者,惟北极高度与东西偏度为最著。地图而不合天度,势必少准而多差。"代钧盖推本其说而上征于《周官》,以谓:"地体浑圆,其南北二点,正当天空之南北两极,其中腰大圈,亦与天空赤道相当。如人在北极下,则以北极为天顶。人渐向南行,见北极渐低,至赤道,则北极与天平合。南极亦然,是地之南北不同,则北极出地之高低必异也。东地之日出入,早于西地之日出入。周三百六十度,与天周相应,每度六十分,都为二万一千六百分。日历周天为昼夜,分二十四小时,时六十分,都为一千四百四十分。故时之一分,等于度之十五分。四分时,等于一度。此地在彼地之东一度,则此地之日出入,早于彼地之日出入四分时。是地之东西不同,则日出入之迟早必异也。而测天度者,必先定午线,如京师之有中线,英吉利之格林回次,法兰西之巴黎,昔年西图所用之福岛,皆是也。《考工记》曰:'匠人建国,水地以县,置染以县,视以景,为规识日出之景与日入之景,昼参诸日中之景,夜考之极星。'按此言匠人建国而于夏至日定其国之午线也。'水地',言以水平地,如西人之用瓶水准。'县',垂线也。言地平者,必使地与垂线成直角。'染',表臬也,植表臬使正如垂线而视其景也。日出之景与日入之景必等长,虑所识景端或不确,乃任以一景之长为半景,臬底为中心,展规为平圆,两景端均交圆边,则为密合,是为规识日出入之景也。复折两景端间圆边为点,向臬底作直线,即为午线之向,郑注'度两交之间中屈之指臬,则南北正',是也。又日中之景为最短,必与所作午线合,复以日中之景参之'极''星'。近北极之句陈星,即《尧典》之'璇玑','璇',旋假借;'玑',极也。言句陈为旋绕北极最近之星也。'星',即《尧典》之'玉衡'、《尔雅》之'斗极',晋以后《天文志》所名'黄道极'者是也。夜观句陈玉衡为直垂线,则赤道与黄极相当,又与所画午线合,则午线合,是'夜考之极星'也。大司徒以土圭之法测土深,正日景。'土深',指南北;'日景',指东西。夏至昼漏中,日南景短,是地在南近日,故土圭之景短也。日北景长,是地在北远日,故土圭之景长也。此定南北纬度之理也。日东

景夕,是地在东,日过其国之午线时,东地之景已夕。日西景朝,是地
在西,日过其国之午线时,西地之景方朝。此定东西经度之理也。西
人定其国之午线,亦用匠人之法,而参以指南针,除电磁差,安子午差
使极隐以窥日星之过午。其随处测经纬度,则自日晷将午,至日晷过
午,用纪限仪或经纬仪屡测太阳高弧,取其最高处为本处太阳过午线
距地平高度,亦即本处天顶度;以与本日太阳赤纬南北加减,即得本
处北极出地之度。于是先以极准时表,如太阳过其午线之午正开准,
行至本处,即测得午正,以与时表较迟早,差若干时分;化度,即知本
处在其国之东西若干度分。但一测午正,而地之东西南北皆定。古
今中外,若合符节。善言地者必合于天,是不可不先务也。"总裁王大
臣善其议,奏充会典馆纂修。湖广总督张之洞电调主修湖北全省地
图,以兼会典馆差,奏得旨俞允。图成,而系之说,有曰:"武昌、荆
州、襄阳,同为湖北重镇。然荆扼江而不能扼汉,襄扼汉而不能扼江,
武昌江汉之会,可以制东西之命,可以交南北之冲,非特吴楚所凭陵,
实为四方之辐辏。观此,则知所轻重矣。"之洞以为卓识伟略,殆过顾
祖禹云。代钧好谈兵谋,而于东南海防,西北边情,指陈凿凿。中日
战起,我师屡败,而代钧陈说当道为持久之计,而无侥幸于一胜,以
谓:"宜分全国为五镇,更进迭战,而屯重兵于京津以为中权,以偏师
游徼辽阳、牛庄、海盖等战地,彼强则我后退,彼进则我旁挠。孤不羞
走,只与之戏,亟肆以疲之,多方以误之,未必非以弱制强,转败为胜
之道。"又议合南北洋闽广师船哨巡海上,截日人之运输以阻其继械
继师,所以措置甚备。书累数万言,而莫之省,割地纳币而请盟焉;饮
恨而已。于是德宗惩于前败,欲以变法自强,而诏开经济特科。张之
洞及湖南巡抚陈宝箴、广东学政张百熙、礼部侍郎曾广銮,皆以代钧
名上,坚谢不应也。既而拳乱起于北方,八国联军入京,而迫清廷为
城下之盟;于是清廷以维新为媚外,而首兴学,诏以张百熙为管学大
臣。于是奏起代钧充编书局总纂兼学务处提调官,实为光绪二十八
年。其明年,充《钦定书经图说》纂修兼校对官。书成,擢分省补用直

隶州知州。既而百熙奉诏筹设学部，代钧上书言："当此新旧交接之际，大惧新知未浚，旧学先亡。当以旧学为体，新学为用；庶无奇衺偏宕之弊。学部之设，当以干涉各省学务为主义。所谓干涉者，非徒文书往来之谓，一乡一村无学堂，学部之责也，一男一女不知学，学部之责也。"及学部成立，补员外郎，迁参事厅行走，咸以病辞。及三十四年，将以提学山东。旨未下，而代钧遽以寝疾，殁于武昌舆地学会。先是代钧之随使英伦也，购英法各国所刊地图，满载以归。义宁陈三立、钱唐汪康年、达县吴德潇，皆年少气锐，而骛经世之学。代钧告之曰："英国兵部海部之舆图学，开办至今二百余年，未尝或辍。是知彼之雄长五洲，于地理固研求有素焉。朝廷万几勿遑，吾草莽臣且为之。"三人者力赞其议。遂创舆地学会，虽往来湘汉，于役四方，而图局常以自随，综绘中外舆图七百余幅，而译绘西人地图，原本比例，有用英法俄尺者，悉据中国舆地尺改归一律，无论何国何地，按图可得中国里数分率之准，五千年来未有也。族子永煊、永良、永修，咸传其学。而舆地学会之开，则永煊、永良赞襄之力为多焉。首出亚洲样图，即永良手绘也。永良，字易卿，尝佐代钧从测绘湖北全省地图，纂有《测绘综要》四卷，而叙以发其指曰："地图之制，不外测绘两端，而算术者，测法之原，测法者，绘事之原。其事不难，其理甚明，乃矜奇秘巧者笔之于书，而于测绘中之层累曲折，必故艰深其辞，以苦人探索，发挥寡而其辞晦，议论微而其意晦，以为不如是，则人不服予术之精深也。于是深者浅之，晦者显之，繁者简之，缺者增之。首算法，次测法，次绘法，次释器，条贯分明，不分中术西术，薪于易知易能，而其中有用旧说者，有用其理而易浅说者，有合数说而成者，有分其说而散见者，间有窃附己意者，语多因袭，不害共晓而已。"以光绪三十二年，先代钧死。代钧叹曰："吾失一臂矣！"及代钧之死，而舆地学会随解。所有地图之底本，制图之器械，盖学部购之以去而不知所用焉。永煊惧家学之浸以坠也，起而继之，开地学社于武昌，曰"亚新"，而永脩实赞之。永脩，字觉人。永煊，字焕庭。及永煊老而传，有子兴巨能缵其业。兴巨字伯庚，其父永煊出版之图，殆三十种，而兴巨随时调查，随事更正，事为之表，省为之说也。既以继志述事，而出版益夥，以永脩宗老，奉手请益，而永脩必发凡起例以为之序。其序河南道县图，以谓"顾宛溪论河南形势，有曰：'宛（南阳）不如洛（洛阳），洛不如邺（安阳）。'独不数汴梁，以其无险之可守也。夫闭关之世利于阻，开港之世利于通，地险不足凭，人险足以持之。铁路可以凿空，电信可以调兵，故山川丘陵，能限人于汽机未发明以前，不能限人于既发明以后。河南自黄河北徙，而患息于东，铁路中交，京汉通于南北，汴洛贯乎东西，周郿道清，胥足佐军转饷。江淮米粟，既实廒仓，燕赵劲师，崇朝渡河。古今异形，夷险异势，使顾氏生于今日，必下转语曰：'邺不如梁。'"酌古斟今而不为墨守，信为发顾祖禹所未发云！兴巨死，而子新垓缵其业，胚胎前光，不懈益修，祖父子孙，继继承承，邹氏舆地之学，于是过五世矣。清季以来，前后出版舆图殆三百种，而系说装册者十之三焉。余特仿《太史公书·孔子世家》《老子列传》之例，著其继世，以明家学。而自新垓以溯代钧，则曾大父行也。代钧一生孜矻，而未尝萦情禄仕。尝主讲两湖书院、京师大学堂，以所学传授弟子。而所纂述，舆图以外，有《西征纪程》四卷、《光绪湖北地记》二十四卷、《直隶水道记》二卷、《中国海岸记》四卷、《会城道里记》二卷、《中俄界记》三卷、《蒙古地记》二卷、《日本地记》四卷、《朝鲜地记》二卷、《安南、缅甸、暹罗、印度、阿富汗、俾路芝六国地记》八卷、《五洲城镇表》一卷、《五洲疆域汇编》三十一卷、《西图译略》十二卷、《文存》四卷、《诗存》一卷。

罗正钧，字顺循，号劬庵，晚号石潭山农，为湘潭人。少贫劬苦，读王夫之书，慨然想慕其人，镌一印曰"船山私淑弟子"，而罔罗旧闻，补辑仪征刘毓崧《船山年谱》二卷，《船山师友记》十七卷以寄意。及年逾弱冠，负笈长沙之城南书院，师郭嵩焘而友湘乡杜俞元穆。俞才气无双，而正钧亦好议论，务陵侪辈出其上，顾二人者，相好也。俞方读书其邑之东山，因得尽识其同学黄煦海霞、朱应庚恢元、陈瀚子瀚、曾希文仙亭、张通典伯纯诸人，所谓"东山十子"者也，志意纵横而诗歌唱答，每有会也，篇什争出，互赞交诵，旁若无人。正钧独不能诗，默坐以听，而十子者亦置之不屑意。每发论曰："往者湘乡曾、罗、王、李诸公以忠义倡动乡里，遂平剧寇，其为学具有本末，而未尝喜言诗。言诗者，湘乡之衰也。"然而十子者不以正钧言为忤。正钧举光绪十一年乡试，受聘为醴陵渌江书院山长，而左宗棠先主讲焉，尝依朱子小学为学规八则，董课甚严，其后无踵行者，而业亦堕。至正钧踵修坠绪，士习丕变。三试礼部不第，而刻厉于学，景行乡贤，以为必可企而及。读其遗书，而为之年谱，欲以推见志事，为例尤精。每言："刘毓崧《船山年谱》，虽不免疏舛，然其据遗书以谱生平，经纬往复，条贯而详核，非深具苦心者不能有也。"于是推本其体以成《王壮武公年谱》二卷、《左文襄公年谱》十卷。武强贺涛，尝受古文于桐城吴汝纶，而世之号称知言者也，尤喜诵说《左文襄公年谱》，叹曰："昔赵充国平西羌，言兵事利害及屯田诸奏，翔实矜慎，一洗贾、晁浮夸之习，于汉文中为最知体要。班氏论次其传，亦即仿效之，而其文乃与充国诸奏无异。文襄勋伐大于充国，而谋略则同。其筹画之见于章奏书牍，《年谱》既备采之，挈大拾零，捃摭遗佚，至繁博矣；而融以精意，经纬成章，洪赡坚重，一如《年谱》所载文襄之文。'惟其有之，是以似之'，罗君之谓矣。"邹代钧驰心域外以究方舆，而正钧景行乡贤以治年谱，宏识孤怀，骈绝当代。侍郎廖寿恒以人才荐，诏用知县发直隶，试署抚宁。县瘠而民习为盗，士不知学，正钧之莅官也，则捐购书数千卷，置骊城书院，时诣讲课以劝学。而编保甲，捕斩大盗陈国魁、韩振铎等数人以靖盗。先是义宁陈三立为正钧论：知县一官当以听讼为教养，谓"判决公而民知是非，所以为教。判决勤而民免拖累，所以为养"也。正钧心识其言。至是定旬之三六九为堂期，亲自收呈，出批未尝逾三日，皆出亲笔，有虚诬者，必抉其情实乃已，往往一批而讼以息。有传案者，计道里远近为期，一到即审，非两造输服，不下判词，尤出以澄心审量,而邑大治。寻移定兴,而拳匪起。其原起于莠民习教以怙势,悍民习拳以抗教。而正钧折狱以情,治狱以平,教民无所怙恃,教士不得关说。顾它邑之习拳者,拳坛星布,拳众蜂屯,相为构扇,欲阑入;而正钧驰谕立散,罗拜跪送,呼"定兴好县官,勿犯也"。及返城,而邑绅鹿学尊迎谓曰:"今日真可谓黄巾罗拜郑康成矣。"然大府熟视莫为之所,而朝议祖拳,声生势张,寖不可制。而正钧请剿,久不报;请代,厪得归,而京师陷,拳匪亦燬,时为光绪二十六年。朝局更新,大臣交章论荐,宜加擢用,诏赴部引见。湖南巡抚俞廉三奏留本省兴学练兵,而以二十八年派赴日本观操,因考察学制。返报,而请派学生赴日本习专科之学,湖南之派留学生自此始。二十九年,直隶总督袁世凯奏立学校司,电调办学。正钧上言:"教育贵普及,而以中小学堂为本,然必先造就师资,而后中小学能刻期举办。"中国之有师范学堂,自直隶始,而直隶之办师范学堂,其议发自正钧。遂以学校司提调,派充师范学堂总办,而招师范生六百人,分速成、完全两科,是为直隶创设师范学堂之始。明年,速成科毕业,派充小学教员,县各一人,是为全省各县创设小学堂之始。而部檄补授邢台县,世凯以兴学方始,而难其代,请改署清苑首县,仍兼办学。又三年,而师范完全科毕业,派充各府州中学教员,是为各府州创设中学之始。自创设师范学堂,日就月将,四年而全省之中小学堂,如期成立。风声所播,于是山东、河南两省人士,胥以直隶办学,知所先后,程效最速,可为法式,请选派俊秀,附学师范,以资观摩而开风气,则正钧之以也。王闿运以今文开蜀学,而正钧树北学之规模,君子因机立教,予将以斯道觉斯民也,泽之所及者广矣,何必以私于里子弟哉!袁世凯奏请破格任用。三十三年四月,以保升直隶州知州,特授天津府知府,调署保定府,兼管全省学务,学部奏充二等谘议官。明年六月,以道员用,署山东提学使。时山东全省,仅省垣有师范学堂、高等学堂各一,而图书阙,规制简。正钧即以施之直隶而有效者,首从整饬师范学堂入手,厘订课程,礼延良师,而严定州县办学考成,法立令行。越二年为宣统元年,而自省垣以及各府州县之中小学堂,次第成立,一如直隶。然部定奖励,纳科举于学校,其士之入学者,既志在得官,而师之为教者,亦以为速化,而不知道问学而尊德性,先器识而后文艺,学校愈推广,风气愈窳败。正钧怒然曰:"此班孟坚所谓禄利之途然也,岂国家所以敬教劝学、化民成俗之意?惟读书可以变化气质;抑读书何限庠序诸生。"于是广购图书,以创办山东图书馆。而日本人有购运嘉祥、肥城诸县汉画像十石以过济南者,正钧叹曰:"吾国艺人之瑰宝,何可为外人有!"截留不许出境,而创设山东金石保存所以附图书馆内,曰:"士子摩挲古物,亦以发思古之幽情也。山左画像石最夥,山崖墟莽,往往有之,而武梁祠画像盛传于世,然黑文凸起,体貌朴拙。余获金乡汉扶沟侯朱鲂墓画像石以置金石保存所,朱文古劲,独为精绝。往者诸暨陈章侯画人物,躯干伟岸,而衣折如铁画银钩,瘦硬通神,见者称其兼有公麟、子昂之长,而章侯则自谓得之汉画,人以为大言诞诬。今观朱墓画像,而后叹章侯之言为有征也。"以宣统二年九月引疾归。归一年而革命成功,袁世凯为临时大总统,起正钧为经界局会办,再电不应,而使至,亦不见。搜采一时臣僚之殉清以死者,得百数十人,成《辛亥殉节录》六卷以寄怀云。正钧熟当朝掌故,尚气好谈兵,侃侃自将,多忤而少与;然所交契,如同县赵启霖芷荪、郭承锯伯庚、黄笃恂涤君、长沙左调元长卿、黔阳黄忠浩泽生、义宁陈三立伯严,及湘乡杜俞之伦,皆志节磊落之士。其中赵启霖,名御史也;黄忠浩,名将也;陈三立,名公子也;杜俞,名监司也。而郭承锯、黄笃恂、左调元三人者,困诸生不得出,无乡曲之誉。声闻显晦不同,而正钧久而敬之,盖无不同。三立则以正钧扬榷古今,议论务为激发,而净之曰:"以此承王先生遗老孤愤之流弊,其极也,将以党同门、妒道真。"正钧亦自笑也。顾正钧独称推郭承锯、黄笃恂及左调元为人,如不容口,以励儒行。

左调元者,家贫,居长沙城北一破屋,客至,坐门槛,商榷古今,至日旰,不能设茗,薄暮则持一布囊,徐行入市,购米盐鱼肉,以归奉母,意有欲,无不致也。为诸生数十年,憔悴专一,无当世名,而志在天下。颇嫉世衰政痹,不务推本仁义,每太息言之,以谓:"天生民而立之君,所以养民之生,而非徒为奉己以自尊也。孔子于三代之君,独推禹无间然,而其所称,'菲饮食'、'恶衣服'、'卑宫室'三者而已。此则仁圣之同趣,治天下之要道也。"通《论语》、三《礼》,不为章句。或劝以著书,答曰:"学务心知而已。后世著书之士,探索临时,久之,已亦忘之矣。吾不为也。"

郭承锟者,少孤好学,闻湖北有章先生者,讲学山中,附舟造访,而途遇盗,刃伤数人,诸客惶怖乞命,承锟危坐大声以斥,盗不测所以,相惊引去。已从章先生受邵雍书,归而逾益精通,独处一室,如对严命。行事造次,必准前儒,人大姗笑之。及察其行己,久而益卓,转相钦叹。刘锦棠以通政使督师新疆,闻其名,走书币速驾。锦棠久将威重,幕府数十人,长跪白事,郭承锟自以布衣为宾客,相见一揖,同幕侧目,以为慢也。意不自得,则日闭户著书,倦则匹马独出,冒大风雪,射猎天山,而赋长歌以摅怀云。始承锟家居贫甚,当授徒给衣食,而以不习制举文,无相延者。乃日具粥饭奉母,而身与其妻食糠枇,恒经月不粒食,其自厉如此。然志意广大,欲通一经以整齐百家。始治《春秋》,未卒业,见方苞书,与己说无殊异,乃弃去治《易》,著书曰《周易观象》。既至新疆,陕西有李生者,抱其父所著《易》,走千里道谒军中,言曰:"吾父且死,属若干岁后,南方有郭君者至,可以畀也。君岂其人耶?"承锟阅书名乃与己同,大异之,而益喜自负。于是为缮写其书以刊,而更名己书曰《周易经传解》,苦思力索,每下一义,屡岁始定;而自新疆归,未尽一月,毕上下《经》《大象》,自诧为有神助焉。

黄笃恂者,博观书传,而修洁有精识,尝以春秋士大夫达于治术而有文采,后世能兼之者,独贾谊、苏轼,慨然慕其为人。兄弟八人,咸有才器,而笃恂次居仲,褒衣博带,相与提衡今古,以为古昔圣贤言治备矣,而立国日益贫弱,乃综览中西之书,斟酌百家之说,著为论曰:"近古无百年之治者。近古之为治,无以禹墨为体,周孔为用者也。言夫其必以禹墨者，以其贵俭兼爱也；必以周孔者，以其敦礼明教也。由禹墨之道而不用周孔，则其弊也质胜文，所谓'见俭之利而因以非礼'，'推兼爱之道而不别亲疏'；由周孔之道而不别禹墨，则其弊也文胜质，所谓'博而寡要，劳而少功'。盖禹墨者，不敢一息弛其形；周孔者，不敢一息纵其心。不弛其形，不纵其心，庶政以修，百度以贞，而天下不治，治而不长久者，未之有也。弛其形，纵其心，上乐其欲，下同其风，纪纲废弛，内外交讧，而多其术以求富强，卒之富强不可治，而国愈困，民愈贫，俀焉不可终日矣。"又言："为学之道，先之以绝流俗之心，次之以集义，终之以成务。"高瞻远瞩，而最早死，年二十二，士论惜之。

三人者，皆屏迹闾巷，声光暗然，而左调元、郭承锟尤穷窭不自活，正钧独喜诵说其言，以谓"岩穴之士，趋舍有时。王夫之著书，综贯天人，而遁世无闷，经二百余年，其书始出，而能读之者亦几人哉？太史公曰：'士欲砥名立节，非附青云之士，恶能声施后世？'抑亦志士仁人之所悲也。若左调元、郭承锟之属，其学行固皆有可称云。"正钧有《劬庵文稿》四卷、《诗稿》二卷、《官书拾存》四卷。

八、谭嗣同　蔡锷　章士钊

世穷欲变,当王为贵。谭嗣同、章士钊,文章经国,蔡锷对略盖世。文武殊途,成败异变,而无不运会维新,志欲匡时。谭嗣同明于死生之故,变法不成,而杀身以殉所信。蔡锷力张军国之策,所投非主,而反兵以声大义。章士钊欲权新旧之宜,与时相劘,而丛诟以对没齿。呜呼!君子之道,或出或处,或默或语。苏轼不云乎:"非才之难,所以自用者实难。"其中是非毁誉之故,亦监观得失之林也。吾于谭嗣同,而得处死之决焉;吾于蔡锷,而明择主之谊焉;吾于章士钊,而知用晦之道焉。遂以终于篇。

谭嗣同,字复生,浏阳人。父继洵,光绪初,以进士官户部员外郎,外擢甘肃巩秦阶道。历甘肃布政使,升任湖北巡抚。三子,嗣同次三。其乡人欧阳中鹄以举人会试留京,而继洵延馆其家,使受业焉。倜傥能文。自言:"少为桐城,刻意规之,出而识当世淹博之士,稍稍自恶。由是上溯秦汉,下循六朝,始悟心好沉博绝丽之文,子云所以独辽远也。昔侯方域少好骈文,壮而悔之,以名其堂。嗣同亦既壮,所悔乃在此不在彼。而所谓骈文,非排偶之谓,气息之谓也。子云抑有言:'雕虫篆刻,壮夫不为。'处中外虎争、文无所用之日,丁盛衰互纽、膂力方刚之年,行并所悔者悔矣。"于是改字壮飞。弱娴技击,长弄弧矢。其父之官甘肃巩秦阶道,而嗣同往省。尝于隆冬朔雪,挟一骑兵,七昼夜驰一千六百里,岩谷阻深无人烟,载饥载渴。比达,髀肉尽脱,濡裤血股,见者目不忍视,而嗣同神色洋洋。乃父所部防军,设酒馔鼓吹,陈百戏以相宴享,嗣同不喜也。独出驰生马走山谷中,遇西北风作,沙石击人,面如中弩。而嗣同不顾,臂鹰弯弓,从百十胡儿,大呼疾驰,争先逐猛兽。夜则支幕沙上,椎髻箕踞,掬黄羊血,杂雪而咽,拨琵琶引吭歌秦腔,欢呼达旦。既而出玉门关,谒新疆巡抚刘锦棠。于时方为驰骋不羁之文,讲南宋永康之学,抵掌而谈,奇策纷纭。自以究天之奥,握霸王之略也。自是往来于直隶、河南、陕西、甘肃、湖南、湖北、江苏、安徽、浙江、台湾等省,咨风土,结豪杰。而其父之巡抚湖北也,嗣同时以便道省视,因揽其山川形胜。一日,循视罗泽南洪山故垒,怃然有间,曰:"此绝地也。武昌处江汉之冲,江水南来,掠城西而北,折而东,汉水自西来会,湖陂溪泽,左右萦带。惟道洪山而东,陆路达咸宁、通山,以连湖南、江西之势,而为武昌之吭背。而逼城以峙,俯瞰则环城百里一览尽。昔洪秀全踞武昌,而罗忠节公驻军于此,然利于主而不利为客。盖山蜿蜒一线夹两水间,而然冈阜以为屏辅,使城贼潜军断其后,则援军阻水,而不战成擒矣。幸胡文忠公先据金口,而罗公既得洪山,益南攻贼垒以自达金口军;于是犄角之势成,而武昌以南皆非贼有矣。然论武昌于今日,又非天下所必重。古之重武昌者,以其挈长江之要领也。今则中外互市,轮舟上下,而长江尽失其险。故武昌,譬则斗也,而其柄不在此。亦欲操其柄以斟酌海内,挹注八荒,必先以河南、陕西、四川、云贵、湖南、江西为根本,而以武昌为门户,合势并力以临驭长江之下流,然后东北诸行省恃以益重。嗟乎,古今之变亦已亟矣!余谓毋遽求诸变也,先立天下之不变者,乃可以定天下之变尔。"先是罗泽南率历乡人以起湘勇,曾国藩、左宗棠因之,削平东南,威殚旁达,南至于海,西极天山。而湘中子弟睹父兄之成功,欲袭故迹以奋起功名。顾嗣同悄然叹曰:"湘军其衰矣。狃于积胜之势,士乃嚣然喜言兵事,人颇、牧而家孙、吴,其朴拙坚苦之概,习俗沾溉,且日以趋于薄。读圣人书而芜其本图,以杀人为学,是何不仁之甚者乎!"既而走京师,谒乡先辈刘人熙而问业焉。始识永康之浅中弱植,俶闻张载之深思果力,而发之以王夫之精义,幡然改图。于是著《张子正蒙参两篇补注》。道之大原出于天也,王志,私淑船山之意也。乃进而求之六经,而欲以礼立体,以《易》观通,及治《春秋》以说例,一折衷于礼,而推本诸《易》以究天人古今之变,以谓"大以观象,变动不居,四象相宣,匪用其故。天以新为运,人以新为生,汤以日新为三省,孔以日新为盛德。方其机已勃兴于后,乃其情尤执滞于前,何异鸿鹄翔于万仞,而罗者视乎薮泽?则势常处于不及矣。智名勇功,儒者勿重,不必其卑狭也。方其事之终成,即其害之始伏。何异日夜相代乎前,而藏舟自谓已固,则患且发于无方矣。此皆不新故也。早岁之盛强,晚岁必臻衰老;今日之神奇,明日即化朽腐。道限之以无穷,学造之以不已,庸讵有一例之可概、一德之可得乎?常怪'善'岂一而已,择之何云'固执'。俯仰寻思,因知固执乎此,对以更择乎彼。不能守者,固不足以言战;不能进者,抑岂能常保不退耶?嗣同之纷扰,殆坐欲新而卒不能新,其故由性急而又不乐小成。不乐小成,是其所长;性急,是其所短。性急,则欲速躐等,岂能深造而自有得?不得已,又顾而之他;又无所得,则又他;且失且徙,益徙益失。此其弊在不循其序,所以自纷自扰而无抵止也。夫不已者,日新之本体;循序者,日新之实用。颇思以循序自救,而以日进于不已。不已,则必不主故常而日新矣。"遂在浏阳设一学会。适南海康有为倡强学会于京师,多士风动。嗣同千里造谒,而有为归广东,不得见,见其弟子新会梁启超,则导扬师说,而为述有为所发明《易》、《春秋》之微言,穷《春秋》三世之义,阐《礼运》大同之治,而体《易》乾元统天之精,与嗣同平日所诵习契机,而益闻所未闻,则大感愤而欲措见诸行事。以父命就官知府,候补金陵。而石埭杨文会亦需次焉,博览佛典;嗣同时时往从之游,明心见性,而以反求诸己,自谓:"作吏一年,无异入山。"闻华严性海之说,而悟世界无量,现身无量,无人无我,无去无住,无垢无净,舍度外人更无自度之理。闻相宗识浪之说,而悟众生根器无量,故说法无量,种种差别,圆性无碍。深造而有得,豁然贯通,能汇万法为一,能衍一法为万,无所罣碍,而以佛理印《易》理,以佛说"慈悲"证孔子言"仁"。佛说"悲智双修"与孔子"必仁且智"之义,如两爪之相印。惟智也,故知即世间,即出世间,无所谓净土。即人即我,无所谓众生。世界之外无净土,众生之外无我,故惟有舍身以救众生。佛说:"我不入地狱,谁入地狱?"孔子曰:"吾非斯人之徒与而谁与?"故即"智"即"仁"焉。既思救众生矣,则必有救之之条理,故孔子治《春秋》,为大同小康之制,千条万绪,皆为世界也,为众生也。因众生根器,各各不同,故说法不同,而实法无不同也。既无净土矣,既无我矣,则无所希恋,无所罣碍,无所恐怖。夫净土与我且不爱矣,更何利害、毁誉、苦乐之可以动其心乎?故孔子言"不忧"、"不惑"、"不惧",佛言"大无畏",盖即"仁"即"智"即"勇"焉。通乎此者,则游行自在,可以出生,可以入死,可以仁,可以度众生。于是观孔佛之会通,条而贯之,而傅以康有为《春秋》三世之义,《礼运》大同之说,以成《仁学》一书,而人我之阂以祛,死生之故以明,而任事之勇猛亦精进。鸣呼,此所以舍命不渝,而能视死如归也!义宁陈宝箴方为湖南巡抚,其子三立辅之,慨然以湖南维新为己任。而嘉应黄遵宪为湖南按察使,宛平徐仁铸为湖南学政,以光绪二十三年先后到任,志同道合。前学政元和江标留而未去,力赞其谋。于是湘乡蒋德钧以四川龙安府知府任满赴部引见,措资回湘,凤凰熊希龄以翰林院庶吉士在籍,相与应和,欲纠湘中志士并力经营以为东南倡。德钧之知龙安府也,循良著绩,一致力于社仓、义学、保甲。约旨卑思,精心实践。而缉盗务获其魁,听讼必求其情。日坐大堂,躬收讼牒,旁批眉注,以示两造,无不情得,然后下判。在任九年,讯结万余起,好事者为弹词,流传武昌。张之洞见而叹曰:"知府一官虚设久矣,得此君起而张之。"属门人杨锐通书致殷勤。答曰:"愿为饮冰茹蘗之劳臣,不为肠肥脑满之达官。"硁硁自守,亦磊落奇士也。至是,宝箴奏请德钧以道员留省主时务学堂,而德钧则赴天津挟梁启超以归主讲席。黔阳黄忠浩自武昌归以主练新军,为统领。而嗣同则自金陵归以主南学会,为学长。南学会者,将以合东南各省士绅联为一大朋,相与讲爱国之理,求救亡之法,而先从湖南省一省办起。以谓："策中国者必曰兴民权，而民权非可以旦夕而成也。欲兴民权，必先兴绅权以辅官治。欲兴绅权，尤必兴学会以兴绅智。权者，生于智者也。唐宋以来，官必异籍，专制一切。而民之视地方公事，如秦越人之视肥瘠矣。今欲更新百度，必自通上下之情始。而绅士者，所以绾官民之枢，欲用绅士，必先教绅士。教之惟何？惟一归于学会而已。"顾学会也，而兼有地方议会之用。省有大事，必以谘议。先由巡抚聘选绅士十人为总会长，继由此十人各举所知，展转汲引以为会员。每州每县必有会员三人至十人。会中每七日必演说一次。陈宝箴、徐仁铸、黄遵宪必率属官莅听。而嗣同为学长，主演说，慷慨论天下事，听者感耸。惟以召闹取怒，新旧互哄，而风声所播，各府州县私立学校纷纷成立。湖南新机勃发不可遏，则南学会之以也。时德宗锐意维新，而用事大臣不便。御史杨深秀言："国事不定，则人心不知所向，如泛舟中流而不知所济。"而翰林院侍读学士徐致靖亦上疏请定国是。于是德宗以二十四年四月二十三日下诏誓改革。二十八日，召见康有为，命在总理衙门章京上行走，许专折奏事。徐致靖以子仁铸之言荐嗣同，召对称旨。而德宗用有为言，以七月二十日下诏显擢内阁候补侍读杨锐、刑部候补主事刘光第、内阁候补中书林旭及嗣同四人，著赏四品卿衔，在军机章京上行走，参预新政事宜。废八股，开学堂，汰冗员，广言路，凡百设施，不循故常。然杨锐骤用事，颇受馈遗，袍料狐桶，望门投止。而宦京朝久，深知宫庭水火，而势之不能以无虞也。会张之洞生日，其子在京设筵宴门生故吏，而锐举酒不能饮。座客问故，徐曰："今上变法，太后意有忤。吾属参枢要，死无日矣。"至二十九日而锐召对，赐密谕，谓："朕位几不免，汝康有为、杨锐、林旭、谭嗣同、刘光第等，速筹相救。"锐出传示，即所谓"衣带诏"者，相顾莫知所为计。而五人者，惟嗣同卓厉敢死，有知略。于是说帝以八月初一日召见武卫军统领直隶按察使袁世凯，好言抚之，擢兵部侍郎，专办练兵事务。而嗣同夜造世凯，出衣带诏示之曰："天下健者推公，若勒兵以清君侧，肃宫庭，指挥若定，不世之业也。"

且以手自抚其颈曰："苟不欲者,请杀仆。"世凯正色曰："君以袁某何如人哉!"顾以隶荣禄久,心惮之,不即发也。荣禄则微有闻,驰使询。世凯猝不得隐,则以归诚于荣禄。荣禄者,太后之母族也,以大学士出为直隶总督而柄兵居外,所部武卫军,分隶提督董福祥、聂士成及世凯。既闻世凯之言,而以告太后,太后怒。而德宗知事急,又以初五日召见世凯。世凯出语人曰："皇上责我以练兵,敢不奉诏,他非我所知也。"顾林旭自始不以用世凯为然,以小诗代简示嗣同曰:"伏蒲泣血知何用,慷慨几曾报主恩。愿为公歌千里草,本初健者莫轻言。""千里草"影董字,"本初"影袁姓。盖谓用袁世凯,不如用董福祥也。明日,梁启超方造嗣同,有所议,而太后垂帘训政,抄捕康有为南海馆之报至。嗣同从容语曰:"吾惟一死以报知己,君盍入日本使馆,谒伊藤氏以营救康先生?"启超则以是夕宿日本使馆,而嗣同杜门以待,捕者不至。则以次日之晨访启超,劝东游。日使从旁讽曰:"不如君偕。"嗣同不可,再三强之。嗣同曰:"各国变法,无不流血。今中国未有以变法而流血者,此国之所以不竞也。有之,请自嗣同始!"因顾启超曰:"不有行者,无以为后图。今康先生之生死未可知。"而有为以初二日奉旨出京,次日敦促,先期逃遁,顾嗣同未之知也。御史杨深秀诵太后训政之诏,抗疏以为不可。援引大义,切陈时艰,请撤帘归政。遂偕嗣同及杨锐、林旭、刘光第与有为之弟广仁并就逮。而旭先一夕,知不免,则哭于教士李佳白之堂。嗣同既入狱,题壁曰:"望门投宿思张俭,忍死须臾待杜根。我自横刀向天笑,去留肝胆两昆仑。"盖怀有为及北京大侠王正谊所谓"大刀王五"者也。遂以十三日斩于市。临刑神色不变,而军机大臣刚毅监斩,嗣同呼之之前曰:"我有一言!"刚毅他顾不欲听,乃从容就戮。传有《莽苍苍斋诗》二卷、《补遗》一卷、《寥天一阁文》二卷、《远遗堂集外文》二卷,皆所自定三十年以前作。性任侠好事,而与友人书言:"人生世间,天必有以困之。以天下事困圣贤、困英雄;以道德文章困士君子;以功名困仕宦;以货利困商贾;以衣食困庸夫。天必欲困之,我必不为所困,是在局中人自悟耳。夫不为所困,岂必舍天下事与夫道德文章、功名、货利、衣食而不顾哉?亦惟尽所当为,其得失利害,未足撄我之心。'强为其善,成功则天。'此孟子所以告滕文公也。可见事至于极,虽圣贤亦惟任之而已。君子坦荡荡,名教中自有乐地,安用长戚戚为哉!"顾嗣同之致命遂志,养之有素,其立身自有本末。而谈者藉为康有为之盛德形容,蔡锷之举兵讨袁,操之有本,在英雄别有襟抱。而论者漫谓梁启超之发踪指示,皮相目论,恶足与语天下事也哉!

蔡锷,字松坡,邵阳人。年十四,补诸生。十七而负笈时务学堂,梁启超主讲席,遂奉手焉。然得启超之心传者少,而受杨度之熏染者为多。杨度,字皙子,湘潭人也。尝受经王闿运,自谓承其平生帝王之学,而留学日本,倡君宪救国之论。而锷稍长亦东渡,入日本士官学校。乡人之中,独与度契。休假日,必饭于度。放言高论,谓:"非军国主义,不足以救积弱之中国。而近百年来,为一切政治之原动而国制组织之根本者,立宪制是也。为一切军事之原动,而国军组织之根本,则义务兵役制是也。两者相反而以相成。自国家言,则立宪制者,求其个性之发展,故自由者,义取诸分,对内者也。义务兵役者,求其团体之坚固,故强词者,义取诸合,对外者也。自人民言,则有与闻政治之权利,即有保卫国家之义务。大君与人民共国家,即可课人民以兵役。"与度之君宪救国论,此唱彼和。于时清政既替,变法无成,海外三岛,志士云集,而抱负不同,各有揭帜。持君主立宪论者,以为:"法治既修,政有常轨,君主不过虚器,何必汉人尸名。国步方艰,外侮频仍,苟以革命起衅,必贻瓦解之祸。"大放厥词以为之主者,保皇党之梁启超。而《新民丛报》,其喉舌也。不然其说而倡民主立宪者,则曰:"治人治法,不可偏废。非我族类,其心必异。"主之者厥为国父,而为之喉舌以与《新民丛报》旗鼓相当者,则有汪精卫、胡汉民等主编之《民报》。而度依违其间,盖其持君主立宪与启超同,而保皇则匪我思存。于是异军突起以创《中国新报》。亦能持之有故,言之成理。而吐属婉约，不激不随，以视《新民丛报》之铺张排比、好为无端厓之词者，意度温文，动人娓娓，一册风行。而国父之自南洋抵东京也，下车之后，首造于度。谈三日夕，欲伸所信而引为同志，而度不以为可。临别而国父喟然曰："吾舌敝而君执之坚。"度谢曰："愧不克承公教。顾有一友，与公英雄所见略同，愿介以见。"国父问何人，曰："黄克强。"而黄兴与国父之相见，则度为之介也。旋归国应经济特科试，列第一。或谗于太后曰："启超之党也。"罢不用。而袁世凯方柄政，力荐度。召对，赏四品京堂，以为宪政编查馆提调，于是度以世凯为举主矣。既而宣统即位，其父醇王摄政，世凯称足疾罢，而度亦浮沉仕不进。及辛亥革命，黄兴以黎元洪起兵武昌，摄政王莫知所为，起世凯督师。朝旨未颁，而度先驰谒世凯，有所陈说。世凯之出也，遣唐绍仪赴沪媾和，而命度南下协赞。度与黄兴雅故，为世凯疏通其意；而和议屡停，以有成言者，度与有力焉。蔡锷与度过从之日久而习闻其言论，及归国，历主湖南、广西、云南练兵事，擢云南三十七协协统。时为辛亥二月，而英人窥我片马以有违言，于是辑《曾胡治兵语录》以申儆诸将。意别有会，则为加按。至曾国藩论"用兵之道，审量而后应之者多胜"一语，则加按曰："兵略之取攻势，固也。必兵力雄厚，士马精练，军资完善，交通便利，四者具而后以操胜算。普法之役，法人入国境之师，动员颇速，而以兵力未能集中，军资亦虞缺乏，遂致着着落后，陷于守势以坐困。日俄之役，俄军以西伯里亚铁路之交通，仅单轨，遂为优势之日军所制而以挫败。吾国兵力，决难如欧洲列国之雄厚；而'精练'二字，此稍知军事者能辨之。至于军资交通，两者更瞠乎人后，如此而曰'吾将取攻势之战略战术'，何可得耶？若与他邦以兵戎相见，与其孤注一掷以堕军，不如据险以守，节节为防，以全军而老敌师为主。俟其深入无继，乃一举而歼之。昔俄人之蹶拿皇，用此道也。"观于今日，我国人之坚持抗日，所见略同。而锷烛照几先，论之于二十年前。然抗日军兴，吾与语士大夫，罕有会其意者。吾自来湘，尝告人：中国之对外战争，有两番伟论，皆出湘人,而可以俟诸百世不惑。左宗棠之经略新疆也,俄人责言以陈兵,朝议蓄缩,而宗棠则主先进兵攻俄,引多隆阿之言,以谓"俄越境入中国,所坏者中国地方;我越境入俄边,所坏者俄国地方。俄人须防后路,自不敢一意向前。"语详本传。蔡锷主以守为战,而宗棠则欲以攻为守,乃与自来德国兵家所倡防御须在敌国境内之说,如出一吻。当年左公之雄图大略,与锷此日之操心虑危,相反相映。然而锷知彼知己,其论为不乖于情者也。既而闻黎元洪、黄兴起武昌,遂举云南以应,为都督。顾锷高瞻远瞩,不甘割据偏方为蛮夷大长以自恣娱,而迭电各省都督,力图摧破省界,促成统一,而建设强有力之中央政府,我疆我理,扩张军管区,缩小省行政,其素所蓄积然也。于是和议成,而国父以黄兴与袁世凯有成言,遂逊位而以世凯继任临时大总统。顾以世凯之阻兵安忍,而兴有第二次革命之役,以民国二年据南京声讨。江西都督李烈钧、安徽都督柏文蔚、湖南都督谭延闿、广东都督胡汉民,无不响应,而锷按兵不动。及兴之败,国父亦遁荒在外,而以其年冬电告世凯,请解兵柄为天下先。遂入京,供职统帅办事处,与杨度过从。度论政而锷谈兵,意气如昨。锷言:"兵者以战为本,战者以政为本,而志则又政之本。故治兵云者,以必战之志而策必胜之道者也。所谓立必战之志者,道在不自馁。夫强弱无定衡,五十年前之日本,百年前之德国,战败及革命之法国,彼惟不以弱灰心堕气而有今日耳。惟志不立,万事皆休。夫怵于外患者,退一步即为苟安,故古人必刺之以耻,曰'知耻近乎勇'。耻者,馁之砭也。所谓策必胜之道者,道在不自满。昔普之覆于法,盖为墨守菲列德之遗制;而拿翁三世之亡,则在轻视普人之军制。盖兵也者,与敌互为因缘者也。夫习于常胜者,进一步则为虚骄,故古人必戒之以惧,曰'临事而惧,好谋而成'。惧者,谋之基也。必战者,至刚之志;必胜者,至虚之心。贤者负国之重,必以至刚之志,济之以至虚之心,而其入手治兵,首在择敌。有径以至强为敌者,如今之英、德、法,各有其心目中至强之对,而衡之以整军经武,是也。有先择一易与者为敌,而间接以达其抗拒至强之目的者，昔普欲战法而先试之于奥，伊欲战奥而先试之于俄。盖凡百困难，随一败以俱来，即随一胜以俱去。国家承积弱之势而欲以自振，往往用此。惟有大不可者二焉：一则甲可战，乙可战，乃既欲战甲，又欲战乙，则大不可。备多者，力分也。一则甲可战，乙可战，乃今日欲战甲，明日复战乙，亦大不可。心不专，力不举也。"具详所著《军事计划》一书。总统府内史夏午诒亦以乡人时往还。午诒，字寿田，陕西巡抚夏时之子也。贵公子早擢进士第，以杨度之举而得进于世凯。先是南北议和之屡停也，午诒实以世凯密命，贰保定军官学校校长廖宇春赴上海，与黄兴使者会甘肃路之文明书局。使者以临时大总统为饵，而宇春、午诒则探世凯之旨，以清室为市。宇春、午诒径请以世凯为大总统，而使者则持之曰："能倾覆清室者为大总统。"讼辩三日而有成言。于是宇春电告段祺瑞，而祺瑞遂帅北方将士二十八万人通电以请清帝退位，而世凯遂继国父受任临时大总统。授宇春陆军中将勋三位，所以酬也。宇春则著《辛亥南北共和纪实》，印播万册，以鸣得意。世凯大恶之，遂以投闲置散，而任午诒为内史。午诒机敏有智数，尤善笔札。世凯有所指示，口授滔滔，而午诒则运笔如舌，手不停挥，无溢词，无隐情，世凯倚如左右手。世凯意之所在，他人莫测，而午诒则以日侍左右，独心领神会于语言之表。杨度有推毂之谊，午诒推知己之感，苟有知闻，必以告度。锷日夕过度，而午诒亦与锷上下议论。世凯以午诒侍论兵，谈言微中。一日，语曰："君何书生而晓畅戎机？"午诒谢曰："不敢，此蔡松坡之论也。"世凯因言："小站宿将，暮气渐深。而东邻虎视眈眈，实逼处此。不如就南中大将知兵者，授以大任，简练新军，庶可去腐生新，为国扞城。"盖世凯旧练兵小站，所部宿将惟王士珍、段祺瑞、冯国璋三人，谚以龙虎狗为况，咸见倚畀。然士珍素性淡泊，畏远权势，虽曰知方，而非有勇，雍容雅望，本不足以投大遗艰。祺瑞廉洁自将，行行如也，果于自用，知小而谋大。士珍知柔而不知刚，祺瑞知进而不知退。国璋则贪财好色，位尊而多金，既以平黄兴而抚有江南，徒以酣豢，事世凯惟谨,见则嗫嚅,风斯下矣。一旦有急,折冲御侮,孰堪大受?其他碌碌,世凯熟知之矣。辞气之间,颇属意锷。锷之督云南也,谍者报有人劝脱离中央,世凯批"应查"二字,交统帅办事处,亦以为查无实据,束之高阁久矣。及锷来供职,无意见之,心大危疑。而统帅办事处主之者雷震春,亦小站练兵旧人,窥世凯之旨而有忌于锷。谍报文书,为锷所见,莫或使之,若或使之。帝制议起而屡遭侦伺。世凯亦敬而远之,以高官为羁縻矣。然锷志气殊常,非如诸公衰衰之徒之醾豢也,勋业为重,禄位为轻。恒欲得人而匡辅之,挟雷霆万钧之势,以振中国,转弱为强。其弃云南而入觐也,以为世凯之足与有为也。顾世凯帝制自为,未遑远略,不竞于外而以咆哮于中国,专治一切,自便私图,此锷之所不能忍也。于是谒梁启超,有所咨商,而微服出京,绕道回云南以谋声讨。世凯以民国四年十二月二十五,下令民国五年为洪宪元年,而锷则先三日以云南独立。唐继尧以都督任留守,而锷自将三千人出征,称护国军,任总司令。申儆于诸将曰:"吾人以一隅而抗全国,庸有觊幸?然此一役也,所争者非胜利,乃中华民国四万万众之人格也。"遂进兵于四川。纳溪之役,失据败绩。然义声所播,举国风从。世凯掉心失图,遂以愤死,为民国五年六月六日也。万夫所指,不仆自僵。民碞可畏,于斯征矣。于是黎元洪以副总统继任大总统,授锷四川都督,而锷不就。以谓:"蜀虽可为,而民情浇薄虚骄,不适于从军。若用外军而屏土著,主客不容,终成水火。加以连年变乱,豪绅良民,多习为盗,恬不知怪。尝谓治蜀非十年不能澄清,谈何容易!必先临以雷霆万钧之力芟夷斩伐,乱根既尽,民志渐苏,乃煦以阳和之气,扶植而长养之,亦盛业也。然我志不在此。北军朴勇耐劳为全国冠,惜无国家思想,无军人智能。傥得贤将以董督而训练之,可植国军之基,不如置身彼中以为后图。"顾锷欲舍蜀以事北,而唐继尧则图窥蜀以自广。方锷以孤军入蜀而左次不得进也,世凯遣曹锟、张敬尧等帅师御之,其众十倍于锷,几不支。而继尧不济师,不继饷,坐视胜负。至是乃遣师命将,大举入蜀。锷则以电告曰:"我辈应为国家,不为权利,毋负初心,贯彻一致。不为外界所摇惑,不受私昵所劫持,唯义所在,公私两济。今袁氏亦既殒命,不撤兵而进兵,锷愚莫测所以。兵连祸结,何以善后?锷为滇计,为公计,不忍不告。"继尧不听,而锷亦无以制也。顾锷清羸,病肺久,而戎马仓皇,日以沉绵,世凯死而锷亦不支。瘖失音,亟解兵以就医日本,而卒无救。遗书谓:"少慕东邻强盛,恒持军国主义,而非大有为之君,不足以鞭策而前。今日之政体孰善,尚乏绝端证断。特以袁氏强奸民意,帝制自为,爰申大义于天下,以为国民争人格。湘人杨度,曩倡君宪救国论,而附袁以行其志,实具苦衷,较之攀附尊荣者,究不可同日语。望政府为国惜才,畀以宽典。"而于是锷之心事乃大白:欲持军国主义以外御其侮,而不欲拥兵割据,以地方抗中央。志在尊主庇民,整军经武。鹰扬虎视,别有伟抱。岂曰师命惟听而奉梁启超之一言以称兵者哉?特以所投非主,而不能以义全始终,赍志以殁,识者哀之。后人搜其文章言论,为《蔡松坡遗集》十二册。呜呼!《传》不云乎:"君择臣,臣亦择君。"虽共和之成,名义可以无君臣,而大业之建,事实不能无主佐。蔡锷之治兵也,不肯拥兵割据以徇一时风气;然欲以尊重中央而无成功者,以所欲佐者袁世凯也。章士钊之治学也,亦不曲学阿世以徇一时风气,然欲以整齐议士,裁饬学风而无成功者,以始所佐者岑春煊,而后所佐者段祺瑞也。二人者皆好学深思而知四国之为,其所持者是也。然所为择而欲以行其所持者,惜乎非其主也。惟蔡锷反兵以申大义,心迹分明;而章士钊拂时以负众诟,志事不白。此其中亦有幸不幸哉!

章士钊,字行严,长沙人。少读书长沙东乡之老屋。前庭有桐树二,其中稚桐,皮青干直,而士钊日夕瞻对,油然爱生,诵白香山"一颗青桐子"之句,自号"青桐子"。二十一岁,负笈南京,进江南陆师学堂。长沙马晋羲方主讲国文、史地,以乡人子弟抚畜之。总办俞明震,名士擅学问,能奖掖后生,尤重士钊,而治校严。时则南阳公学大罢学，上海《苏报》特置《学界风潮》一栏，推波助澜，恣意鼓吹，士气骤动。中国学生之以罢学为当然，自《苏报》之倡也。一时知名诸校，莫不有事，而陆师亦不免焉。士钊既以能文章弁冕多士，则何甘于不罢课而以示弱诸校。一日，毅然率同学三十余人，买舟之上海，求与所谓爱国学社者合，并心一往，百不之恤。三十余人者，校之良也。此曹一去，菁华已尽。俞明震知士钊为同学少年信赖，函劝不顾；马晋羲先生长者，垂涕而阻，亦目笑存之也。自以为壮志毅魄，呼啸风云，吞长江而涌歇潮矣。然三十余人由此失学者过半，或卒以惰废不自振。中年以后，士钊每为马晋羲道之，追悔无极，曰："罢学之于学生，有百悔而无一成，愚所及身亲验，昭哉可睹。"事在前清光绪二十八年也。方是之时，革命之说渐起，而国父之声名未著。章炳麟、吴敬恒、蔡元培及善化秦巩黄之流，次第张之。巩黄掉臂绿林，潜踪女间，自为风气，罕与士夫接。而炳麟、敬恒、元培，皆籍爱国学社。炳麟挟《驳康有为书》一册，沾沾自喜。而敬恒擅才辩，安恺第之演说，戏笑怒骂，四座尽靡。元培退然若不胜衣，与之言事，类有然诺而无讽示。士钊既罢学之上海，从诸公游，不可无以自见，独抵掌说军国民之义焉。炳麟则大喜，以为得一奇士也。沧州张继、巴县邹容，则以劫取日本留学监督姚某之辫，走上海，亦居爱国学社。继为无政府主义，而容著《革命军》一书，士钊则润泽之。初版签书"革命军"三字，乃士钊笔也。而容以序属炳麟。一日，炳麟携容与张继及士钊同登酒楼，痛饮极酣，曰："吾四人当为兄弟，僇力天下事。"炳麟年最长，自居为伯，而仲士钊，叔继，季容。自是士钊弟畜二人，而呼炳麟曰兄也。容十九岁，年最幼，而气凌厉出士钊上，卒然问曰："大哥为《驳康有为书》，我为《革命军》，博泉为无政府主义，而子何为？"士钊则笑谢之而已。顾自内惭，乃据日本宫崎寅藏所著《三十三年落花梦》为底本，成一小册子，颜曰《孙逸仙》，而自序于端曰："孙逸仙，近今谈革命者之初祖，实行革命者之北辰，此有耳目之所同认。吾今著录此书，而标之曰'孙逸仙'，岂不尚哉？而不然。孙逸仙者，非一氏之所私号，乃新中国发露之名词也。有孙逸仙而中国始可为。天相中国，则孙逸仙之一怪物，不可以不出世。即无今之孙逸仙，吾知今日之孙逸仙之景与罔两，亦必照此幽幽之鬼蜮也。"其时天下固茫然莫知国父之为谁何，而上海之与国父有旧者，独一秦巩黄，尤诵而心喜，为之序曰："四年前，吾人意中之孙文，不过广州湾一海盗也，而岂知有如行严所云者。举国熙熙皞皞，醉生梦死，彼独一人图祖国之光复，担人种之竞争，且欲导扬人权于专治之东洋，得非天诱其衷而锡之勇者乎！"炳麟则为题词曰："索虏披昌乱禹绩，有赤帝子断其嗌。掩迹郑洪为民辟，四百兆民视此册。"自是国父名著，播之文章而喧于士夫矣。时国父易名中山樵以避逻者，士钊著录，用孙中山三字，缀为姓字，睹者大诧，谓无真伪两姓骈举为呼之理，然中山之名自此称。会俞明震以清廷命来检察革命党，炳麟及容皆就逮，而士钊得脱，则以明震之厚重之也。士钊既免于难，乃还长沙，随黄兴纠集三湘豪杰创立华兴会，而联洪帮哥老会以举事。不成，士钊乃亡命日本，走江户。则顿悟党人不学无术而高谈革命，祸至无日，功罪必不相偿。渐谢兴不与交往，则发愤自力于学，而一刮磨少年喜事之习。自是欲以学问持世，而不肯以议论徇人。一意孤行，积与世迕而踬不振，兆于此矣。于是黄兴以华兴会并入国父主持之兴中会，合组同盟会于日本之赤坂，中分八部，各司其局。而以"驱除鞑虏，恢复中华，建立民国，平均地权"为信条。会众三百余人，举国父为总理。而士钊则谢不与，兴则固邀而避之一室，动之以情，劫之以势，非署名隶同盟会者不得出。如是者持两昼夜，未获当也。既而士钊之英，入伦敦大学，习政治经济之学。顾最喜者逻辑，又通古诸子名家言，杷栉梳理而观其通。自是衡政论学，罔不衷于逻辑。黄花岗之败，志士骈首，而友人杨守仁同客英伦，闻之，发愤蹈海死。士钊索居黯然，感于诗人"秋雨梧桐"之意，遂易"青"为"秋"焉。其时北京《帝国日报》屡征士钊文，士钊则为英宪各论，皆署"秋桐"二字与之。辛亥八月，革命突起而共和肇造，推国父为临时大总统，奠都南京。然革命党人，所能依稀仿佛以涣然大号者,惟立国会,兴民权,廓然数名词耳。其中经纬万端及中西立国异同本义,殆无一人能言。士钊归自英伦,晤桃源宋教仁于游府西街。教仁以能文善演说而为国父所倚重者也,则坦然相告曰:"子归乎! 吾幸集子所言,以时考览而明宪政梗概。"出示一册,盖士钊投寄北京《帝国日报》英宪各论,剪裁装册也。于是士钊乃以明宪法,通政情,为革命党人所欲礼罗。吴敬恒、张继、于右任之徒,联翩相造,邀之入同盟会,士钊卒婉谢之。于右任方主《民立日报》,乃委己以听。《民立日报》者,同盟会之机关报也。梁启超尝持君主立宪以与同盟会牾,至是归国而惧不容,扬言于众曰:"吾夙昔言立宪者,手段也;吾目的亦为革命。"同盟会不听,而操之益急。顾士钊习于英宪,持论不为赡徇,独谓:"政党政治之成功,在于党德。党德云者,即明认他党为合法团体,而听其并力经营于政治范围以内,以期相与确守政争之公平律也。凡一时代急激之论,一派独擅之以为名高,束缚驰骤,异议嗫嚅,垄断天下之舆论而君之,天下大事以定于一时;然理诎而不申,情郁以莫舒,乖戾过甚,卒亦大伤。凡所争执,隐之走入偏私,显之流于暴举。群序既不得平流而进,乃为事势之所必然。十七世纪,英伦之政争记录,凡号为阴谋史或流血史,即以此也。且一党欲其党内之常新,亦岂利他党之消灭? 盖失其对待,何党可言? 他党力衰,而己党亦必至虫生而物腐也。"一本其平素所笃信而由衷者,质焉剂焉,持说侃侃,以此大韪于国人,然亦以此失同盟会欢。同盟会既改组为国民党,黄兴重要隶籍,士钊又不许。国民党人大哗,诋为别有用意。士钊发愤弃去,则别出周报以畅欲言、抉政情,凌云健笔,语语为人所欲出而不得出。传诵万口,而署之曰"独立",所以揭持论不为苟同之旨也。袁世凯既为临时大总统,图专政,而欲藉途宪法以谋称制。既知士钊之通宪法,而闻其不得志于国民党也,招入见,馆之锡拉胡同,礼意稠迭,惟其所欲。所望于世钊者,宪法之主持也。顾世凯则以早起家事清提督吴长庆,因与其子保初过从雅故;而士钊则保初亲女夫,意可属大事也。促膝深谈,具悉所以为帝制者,其计井然,则大骇。宋教仁既见贼，士钊意自危，而尽弃其衣装仆从，孑然宵遁。既抵上海，造黄兴，方图举兵，士钊则袖出讨袁之檄，而与章炳麟先后之武昌，说黎元洪戮力。元洪隐持两端，而二次革命之役猝起。于是国民党乃縆认士钊为政友。清前两广总督岑春煊亦起而声讨世凯以称大元帅，则以士钊为秘书。既不克，士钊亦被名捕，逃日本。知世凯不可与争锋，而欲藉文字以杀其焰，乃组《甲寅》杂志，以民国三年五月十日出版第一期。言不迫切，洞中奥会。国民党人既遁荒海外，而世凯务屏绝之不与同中国。于是士钊晓之以"政力向背论"、"政本论"。以谓："为政有本，本何在？曰'在有容'。何谓有容？曰'不好同恶异'。昔在英儒奈端治天文，断言太阳系中有二力于焉运行。日者，全系之心也。一力吸行星而向之，曰'向心力'；一力复曳行星而离之，曰'离心力'。其后蒲侠土覃精史学，深明律意，以奈端之说可以衡政，极言为政当保持两力平衡之道。其说曰：'社会号有组织，必也合无数人、无数团体而范围之。其所以使此人若团体共相维系，则向心力也；反之人若团体因而瓦解，则离心力也。凡曰社会，无不有两力为之主宰。然谓发力可以划除，亦决不能。盖社会者，乃由小团体组织而成。而小团体中之个体，莫不各有其中心，环之而走，无论何之，不尽离宗。则其对于他团体及其个体之为离立，可不俟辨。且社会过大，人心不同，各如其面。利害冲突，意见横生。彼之所以为康乐，此或以为冤苦。缓则别求处理，急则决欲以去。社会之情，一伤至此，久之，势且成为中坚。所有忧伤疾苦，环趋迸发，群体不裂，又复几何？'夫所谓群体裂者，即革命之祸之所由始也。苟欲祸之不起，惟有保其离心力于团体以内，使不外崩，断无利其离而转排之理。苟或排焉，则力之盛衰，厥无一定。强弱相倚，而互排之局成。倾轧无已，争民施夺，生人之道苦，而国家之大命亦倾。由是两力相排，大乱之道；两力相守，治平之原。民军一呼，满廷解纽。昔日之举张君宪者，无不同情于革命。而吾首义诸君，乃不知利用众山皆向之势，索瑕寻衅，日媒蘗于人以自张。于是离心力之可转为向心力者，既为所排,而国内所有一切离心力,更不识所以位之,使得其所,而日以独申向心力为事。卒之离心力骤然溃决,土崩瓦解。顾今之为政者,既利用国民党之穷追离心力,收之以向己,而人心以得。而惜其不审筹一相当之地,以置不可收之离心力,使运行于法制之内,借图政治调剂之用,而措国家于治平。于是知褊狭者不可以谋国,浮浅者不可与议法也。"语重心长,其论深切著明,为世凯当日发,而实不仅为世凯当日发,盖有慨乎其言之矣。世凯稔恶,既以称帝,梁启超则领袖进步党以与国民党合而声讨。蔡锷者,启超弟子也,有云南首义之功。而岑春煊则入肇庆以称两广都司令,辟士钊为秘书长。启超来会,士钊建议辟新运以别立政统,不复国会。启超赶之,春煊亦以为然。而汤化龙、吴景濂以议长呼朋引类,会上海,以民意相劫持,天下重足而立,春煊、启超惕息莫敢禁。世凯既殂,春煊亦释兵。士钊则劝以从容养望,而自入北京大学讲学,期三年不闻政。春煊惑于人言,而欲恢复国会以收名望,召士钊议行止,士钊力沮之,并言国会黩货长乱,恢复无当人意状。春煊漏言而议士大恨。春煊亦卒走粤,召国会,立军府,而自为总裁。急电相召,无立异余地。士钊则降心相从。自后启超附段祺瑞以征南,而春煊遮蔽民党,用事于粤,士钊实为上佐。言议员宜课资格,受试验,闻者大哗。士钊又在上海揭论,主宪法不由国会订立。其文流传,两院中人指为叛逆;而以士钊之亦议员也,张皇号召,削其籍。又以附之者衡政必曰学理,谥之为"政学系"。时人为之语曰:"北有安福,南有政学。"以为大诟。安福者,段祺瑞门下之政客系也。曹锟乘之,用吴佩孚以败段祺瑞。而春煊亦奔走失职。士钊睹事无可为,而疑代议之无补治制,以英国世界代议制之祖国也,乃以十年二月再游伦敦,历访其名士,相与考论。而小说家威尔思、戏剧家萧伯纳,皆于民治有贬词。威尔思约士钊赴别墅,从容谈及中国,慨然曰:"民主主义,吾人击之使无完肤,只须十分钟耳。但其余主义脆弱,且又过之。持辩至五分钟,即已旗靡辙乱。是民主政治之死而未僵,力不在本身,而在代者之未得其道。世间以吾英有此，群效法之，乃最不幸焉。中国向无代议制，人以非民主少之。不知历代相沿之科举制，乃与民主精神深相契合。盖白屋公卿，人人可致，岂非平等之极则？贸然废之，可谓愚矣。吾欲著一书曰'事能体合论'，意在阐明何事须用何能，何能始为何事。事能之间，有一定之选择方法，使之体合。中国民治，其病在事能之不体合也。"为太息者久之。而萧伯纳之所以语士钊者，意尤诙诡，谓："能治人者始可治人。林肯以来，政体有恒言曰：'为民利，由民主之民治。'然人民果何足为治乎？如剧，小道也，编剧即非尽人能之。设有人言'为民乐，由民编之民剧'，岂非不词？盖剧者，人民乐之而不审其所由然；苟人欲之，不能自制，而必请益于我。唯政府亦然。英美之传统思想，为人人可以治国，中国则反是。中国人而跻于治人之位，必经国定之试程。试程虽未必当，而用意要无可议。余所当讲，亦如何而使试符其用耳。"于是士钊之政治信念渐变，遂返国也。会曹锟以直隶督军胁总统黎元洪而逐之，其大将吴佩孚练兵洛阳，申讨军实以为奔走御侮。锟弥洋洋自得，又欲藉重议士，饵诱以选为总统。士钊既未甘以自货，遂遁而之上海。橐笔已久，辄复思动。而自以《甲寅》得大名，欲踵前轨，名仍《甲寅》，刊则以周。招资授事，计议粗定而轩波大起。江苏督军齐燮元用吴佩孚之命，起兵以逐卢永祥于浙江。吴佩孚自将大军出山海关以攻张作霖。冯玉祥随吴佩孚出师而有二志，取间道归以袭北京，取曹锟，而与作霖联军以夹击佩孚，尽俘其众，欲推段祺瑞以主国是。祺瑞失职久，莫知所为，而以士钊能文善论，思请以为谋主。士钊乃置《甲寅》周刊不论而奔命以赴，告祺瑞曰："约法既坏，新法未生，何用总统旧名。西史纪元前，罗马初设民主，署曰公萨，译为执政。请以临时执政名义起用事。"于是祺瑞以执政建号北京，而用士钊为司法总长，寻兼教育厅长，为十三年十一月也。自以为习熟情伪，奋欲更张，于是涣然号于众曰："吾国兴学已久，而校纪日颓，学绩不举。学生谋便旷废，致倡不受试验之议。即受试矣，或求指范围，或胁加分数，丑迹四播，有试若无。为教授者，以所讲并无切实功夫，复图见好学生以便操纵，虚应故事，亦固其然。他国大学教授，在职愈久，愈见一学之权威，而吾国适得其反。夫留学生初出校门，讲章在抱，虽无成业，条贯粗明。而又朝气尚好，污俗未染，骤膺教职，亦以兢兢。此类人选，他国至多置之研究院内，助教室中；而在吾国，则为上品通才，良足矜贵。何校得此，生气立滋，过此以往，渐成废料。新知不益，物诱日多，内诒学生，外干时事。标榜之术工，空疏化为神圣；犷悍之气盛，一切可以把持。教风若斯，谁乐治学？独念吾国号为文化古国，海通以还，学术之途径日辟。今时述作，将百倍于古而未有已。乃自上海制造局倡议译书以还，垂四五十年，译事迄无进步，而文字转形芜俚。所学不邃，卤莽灭裂。有之，转发不如无书之叹。昔徐寿、徐建寅、华蘅芳、李善兰、赵元益辈，所译质力天算诸书，贯通中西，字斟句酌；由今视之，恍若典册高文，攀济不及。即下而至于格致书院课艺，其风貌亦非今时硕博之所能几。以云进化，适得其反。髦士以俚语为自豪，小生求不学而名家，黄茅白苇，一往无余。学者自扪，宁诚不怍？而为之学生者，读西籍，既无相称之功能；质本师，又乏可供之著述。几纸数年不易、破碎不全之讲义，尸祝社稷，于是出焉。此云兴学，宁非背道？且大学为学术总集之名，犹之内阁为政治总集之名。内阁有长财政者，不闻称财政内阁；有长司法者，不闻称司法内阁。今大学有农业大学，有工业大学，有法政大学，乃甚至师范美术，文科中之一部耳，亦独立称大学。干为支灭，别得类名，逻辑所不能通，行政所大不便。部落思想，横被学林。卒之兼课纷纭，师生旁午，学统尽坏，排媚风生。欲图易俗，乃画三策：一、本部设考试委员会，仿伦敦大学成例，学生入学毕业诸试，概由部办。二、本部设编译馆，求各大学教授通力合作，优加奖励，期以新著，播之黉舍，辞理并富，餍人取求。三、合并北京各大学。"骤议之日，士钊持说侃侃，无所避就，莫之能难。然而风声所播，诟谤乃丛，部试诸生，青年尤大不悦。先生长者，阳持阴默而阴和之，潜势极张。宏奖著述，则以为欲甄别教授。而合并各大学，施受之间，暗潮不可终日。士钊又以其间绳刊《甲寅》，论多违俗。于时，胡适方主讲北京大学，而以倡新文化称大师，万流景仰，薄海风动。顾士钊则切论之，以谓："新者对夫旧而言之。彼以为反乎旧之即所谓新。今即求新，势且一切舍旧。舍旧。何有历史？而历史者，则在人类社会诸可宝贵之物之中，最为宝贵。今人竞言教育，不知教育者，在以前辈之所发明经验，传之后人，使后人可以较少之心力，进而益上；不似前人之枉费心力，惨淡经营，以安于一知半解而已。又尝譬之，社会之进程取连环式，其由第一环以达于今环，中经无数环，与接为构。而所谓第一环者，容与今环不同形，其间若渺不属。然诸环之原形，在逻辑依然各在。其间接又间接与今环相牵之故，可想像得之。故今之人而求改善今环，不得不求知原环及以次诸环之情实，资为印证。此历史一科所由立。而知新者早无形孕育于旧者之中，而决非无因突出于旧者之外。盖旧者非他，乃数千年来巨人长德、方家艺士之所殚精存积，流传至今也。新云旧云，特当时当地之人，以际遇所环，情感所至，希望嗜好所逼挌，惰力生力所交乘，因字将谢者为'旧'，受代者为'新'耳，于思想本身何所容心？若升高而鸟瞰之，新新旧旧，盖往复流转于宇舆久间，恒相间而迭见。其所以然，则人类厌常与笃旧之两矛盾性，时乃融会贯通而趋于一。盖吾人久处一境，饫闻而厌见，每以疲茶脑乱，思有所迁。念之初起，必有奋力向外驰去，冀得崭新之异壤。而盘旋久之，未见有得。于时但觉祖宗累代之所递嬗，或自身早岁之所曾经，注存于吾先天及无意识之中。向为表向及意志之所控抑而未动者，今不期乘间抵巇、肆力奔放而不自知。所谓'迷途知反'，反者此时；'不远而复'，复者此境，本期翻新，卒乃获旧。虽云旧也，或则明知为旧而心安之，或则昧焉不觉而仍自欺欺人，以为新不可阶，此诚新旧相衔之妙谛，其味深长，最宜潜玩者也。今之谈文化者，不解斯义。一是舍旧，而惟渺不可得之新是骛。宜乎不数年间，精神界大乱。郁郁伥伥之象，充塞天下。躁妄者悍然莫名其非，谨厚者蓄然丧其所守。父无以教子，兄无以诏弟。以言教化，乃全陷入青黄不接,辕辙背驰之一大恐慌也。不谓误解'新'字之弊,乃至于此。"顾胡适又欲以欧化易中国,一唱百和,几成国是。而士钊则曰:"唯唯,否否,不然。欧洲者,工业国也。工业国之财源,存于外府,伸缩力大。国家预算,得出以为入。故无公无私,规模壮阔,举止豪华。——与其作业相应,无甚大害。而吾为农国,全国上下百年之根基,可得以工业意味罗之者,荡焉无有。无有而不论精粗大小,一为工业国之排场是骛。衣服器用,起居饮食,男女交际,社会运动,言必称欧美,语必及台赛。由放依而驰骋,由驰骋而泛滥,变本加厉,一切恣行无忌。此在国家,势不得不举外债,鬻国产,以弥其滥支帑金之不足;在私人,势不得不贪婪诈骗,女淫男盗,以保其肆意挥霍之无尽。其至于今,图穷匕见,公私涂炭。而冥冥中人道堕坏,凡一群中应有同具之恒德,沦胥以尽。乃至父不得教子,兄无以约弟,夫妇无以相守,友朋无以相信。群纽日解,国无与立。昔有学步邯郸,失其故步,匍匐而归。呜呼!吾人今后,亦求得匍匐而归为幸耳!"好恶拂人,多迕少可,人欲得而甘心,遂躁而毁厥居。愤以辞职,意忽忽不乐。因吟白香山《孤桐》诗曰:"直从萌芽拔,高见毫末始。四面无附枝,中心有通理。寄言立身者,独立当如此!"因易字曰"孤桐"也。及段祺瑞以十五年四月奔走失职,而士钊一蹶不振,移居天津,犹致力于《甲寅》。或谓:"天下事未可以口舌争,胡晓晓以蒙诟召怒为?"士钊应曰:"吾行吾素,知罪惟人。若其中散放言,刑踵华士;伯嚚变容,罚同邪党;生命既绝,词旨自空。如其不尔,一任自然。愚生平不工趋避之义,夙志不干违道之誉,天爵自修,人言何恤!"其年十月,以新出《甲寅》寄上海见示,告续发行。余报以书曰:"见寄《甲寅》近期,知文章意气不衰。伏以时论重名誉,而古人称名德。名者公所自有,德则愿以致敬。君子道在自信,积毁几见销骨。德不孤,必有邻也。籀诵再四,为之神往。惟人未厌乱,天不悔祸。十余年来,士君子之宏言傥论,何莫非资大盗以乘权窃国。尊中央,则兆洪宪之帝政;言联邦,又启强藩之割据。民亦劳止,汔欲小休。而乱日方长,天挺人豪,方各肆其聪明才力以祸国殃民。吾侪读书谈道，夜气未梏，盍姑扪其舌，韬其笔，敛吾聪明才智，息事宁人，以毋为助恶长乱耶？仆于是叹诸葛公'澹泊明志、宁静致远'之为雅量渊识也。方其时，刘表以名士牧荆州，博求儒术，关西兖豫学士归者盖有千数。诸葛公以管乐自许，而南阳高卧。密迩州部，征聘不及，淡然有以相忘。'予怀明德，不大声以色。'虽不能至，心向往焉。昔闻左文襄自署楹语于门曰：'文章西汉两司马，经济南阳一卧龙。'未尝不叹左公虚骄之见，而未为知卧龙。龙而已卧，何心经济？而龙之得安于卧、成其卧者，在宁静而不在经济。窃欲改此联'经济'二字为'宁静'，书以相奉。'文章西汉两司马'，固在公有以自信；'宁静南阳一卧龙'，尤祝公善以致远。君子藏器于身，待时而动，何不利之有！与其为桐之孤，召闹取怒，不如为龙之卧，宁神养气也。"然以考试慎选举之资格，以试验重大学之课业，矫厉学风，宏奖编译，虽以召闹取怒于昨昔，而卒创制显庸于方今。功何必自我成，士钊傥有以自慰于迟暮矣。刊有《甲寅存稿》、《续稿》。

九、余　论

　　余著《近百年湖南学风》，而表以十七人。其人有文人、学者、循吏、良相、名将，不一其人，而同归于好学深思；其事涉教育、政治、军谋、外交、欧化，不一其术，而莫非以辅世长民。时限以百年，而上下五千年之演变，缩映于此百年之内；人限于湖南，而纵横九万里之纷纭，导演于若老人之手。其人为天下士，为事亦天下事。傥读吾书而通其意，斯为政不厉民以自养，而论学不生心以害政。张皇湖南，而不为湖南，为天下；诵说先贤，而不为先贤，为今人。呜呼！尼父不云乎："我欲载之空言，不如见之行事之际切著明也。"贾生之著论《过秦》，而卒言之曰："观之上古，验之当世，参以人世，察盛衰之理，审权势之宜，去就有序，变化有时。"亦非以过秦人也，所以儆汉人也。昔太史公宏识孤怀，意有所郁结不得通，录秦汉，略迹三代，上记轩辕，曰以"成一家之言"，而人当作《史记》读，心知其意之无其人，故曰"藏之名山"。余亦有别识心裁，寄意是书，略人之所详，扬人之所抑，以自明一家之学；而人或作方志读，心知其意之期来者，亦只俟其人。吾所不知，盖阙如也。以言方志，吾漏正多。而读太史公书作《史记》，徒见不该不备而已。太史公原始察终，以史之体为诸子；吾则欲取精用宏，通子之意于传记。

　　或有问于余曰："王先谦与王闿运骈称二王，亦一时显学，成书数千卷，而著籍弟子且千人。吾子斐然有述，何遗此一老耶？"余应之曰："唯唯，否否，不然。昔王益吾先生以博学通人督江苏学政，提倡古学，整饬士习，有贤声。余生也晚，未及望门墙；而吾诸舅诸父以及中外群从，多隶学籍为门生者。流风余韵，令我低徊。然文章方、姚，经学惠、戴，头没头出于当日风气，不过导扬皖吴之学，而非湘之所以为学也。余私家著书，不同官书，别识心裁。太史公书自有孤怀，而不欲以苟徇声气。王闿运之人之学，老辈颇多绳弹，然有其独到以成湘学。益吾先生，博涉多通，不啻过之，而无独到。"曩者吾乡丁仲祜先生尝为余言："乡先辈治经，外行不入格。"余意殊不平，谓："君之所谓外行不入格者，特以吾锡先辈治经，不合休宁、高邮辙迹耳。然不依傍人户，异军突起，自有独到。如高攀龙之理学，绳以朱子之道问学，固为外道；而揆之阳明之致良知，亦未遽为入格也。然不入格而可以开宗。学亦多术矣：有外行而不害为名家通人者，如吾锡高攀龙之理学，不程朱，不陆王。顾栋高之治《春秋》，秦蕙田之于《礼》，非休宁、高邮，亦非苏州、常州。而顾祖禹之史学，不同当日之浙东，亦殊后来之嘉定，皆不害为博学通人也。有内行入格而只成曲学者，如俞樾诂经证子，毛举细故，自诩精识，以休宁、高邮张门户，其实以《经籍纂诂》一书作兔园册子而已。"仲祜无以难也。王闿运文章不为桐城，今文经亦非当行，然能开风气以自名家。益吾先生，文章桐城，训诂休宁，无不内行入格，然不能名家。而在吾苏，则贤学政也。异日《江苏通志·名宦传》，必有一席，岂借拙著一小册子以为重耶？

　　或又曰："子江苏人也，暂避兵侨寄于此，而不惮烦而张皇湖南以成书耶？"余则应之曰："余江苏人也，抑中国人也。江苏岂能外中国以独立，则吾何可限方隅以自囿？吾中国而有若胡文忠、曾文正、左文襄诸公，宁学圣贤而未至，不可违道以干誉；宁以一夫之不被泽为己病，不以宠利居成功。鞠躬尽瘁，死而后已。可以仪刑于百世，岂徒一方之豪杰也！吾此日在湘言湘，昨昔在苏言苏，亦尝为江苏教育厅撰写江苏学风，远溯顾炎武、陆世仪，近不遗徐寿、华蘅芳，而归之实事求是，遗外声利，亦欲以景行前徽，匡饬时贤。然而谈者徒称其博闻多识，罕会其苦心危言。语曰：'买椟还珠。'非珠之罪也。余讲苏学，称顾炎武、陆世仪，而不称钱大昕、阮元。以博闻强识，而动众徒以谀闻也。余讲乡学，称高攀龙，而不称顾宪成，以门户声气，而东林所由托始也。世之谈学风者，多举东林以为咨询，而余不置对。非不能对也，方明之衰，士大夫好议论，不顾情实；国家可毁，而门户不可毁，异己必除，而客气不可除。党同伐异以为把持，声气标榜以为结纳，而义理不以饬躬行，问学不以经世用。及其亡也，法纪荡然。武人跋扈，文人未尝不跋扈，而矜意见，张门户，以庠序为城社，以台谏为鹰犬。恩怨之私，及于疆场，不恤坏我长城以启戒心。国事愈坏，虚誉方隆。而东林讲学实阶之厉。始作俑者，顾宪成焉。余宁为王夫之之荒山敝榻，没世不称，而不为顾宪成之籍甚群彦，言满天下。没世不称，庶几自葆其在我；言满天下，几见不以学徇人？处今日学风之极敝，而揭帜东林以为号，徒以长虚骄浮夸之气，而无救于世枉。顾宪成身在江湖，心存魏阙，结党合誉，实繁有徒，而气矜之隆，见道极浅，不如高攀龙之处变若定，死义从容，自言：'一生学问，至此亦少得力。'然就今日而言理学，与其讲高攀龙，不如讲陆世仪。精微不如，而切实过之。切实可以救虚夸，精微不免为游谈也。明末以遗老为大儒者，李颙学究气，独善其身，术未能以经国。黄宗羲名士气，大言不怍，行不足以饬躬。王夫之槁饿荒谷，志行坚卓，又苦执德不宏。惟陆士仪、顾炎武，明体达用，有本有末，而又淡泊明志，不事驰骛。顾炎武博学于文，行己有耻，可以窥汉儒之真；陆世仪义理悦心，兵农济世，可以匡宋学之偏。真知灼见，身体力行，私心淑艾，窃愿景行。今日士风已偷，师道不立。曾子有言：'尊其所闻，行其所知。'而在道丧文敝之今日，行炫自耀，亦既无闻可尊，抑且何知可行？道听途说，惑世诬民，无事则聚徒合众，放言高论，闻警则悼心失图，逃死不遑。古人以忧患动心忍性，今人以忧患幸生丧志。平日侈谈之学问经济，文章道德，一旦大难临头，未有片语只字，可以镇得心住，振得气壮。而丧乱孔多，以迄于今，寇深国危，土崩鱼烂，人民死亡奴虏以数千万。而庠序如林，师生多鲫，几见有明耻教战，引以己任，见危授命，视曰分内？多难古有兴邦，殷忧今未启圣。而闹学罢教，纷纭如故，玩日愒月,泄沓如故。既以讲学弋声利,又视旷课为寻常。行身以放浊为通而狭节信,受任以望空为高而笑勤恪。安得陆、顾其人生于今日,义理悦心,行己有耻,树之坊表以立懦廉顽!"余虽为之执鞭,所忻慕焉。